Joseph
Gutena

cker

**Franz Ludwig, Fürstbischof von Bamberg und Würzburg, Herzog zu Franken, in seinen Münzen**

Einladungsschrift zur Enthüllungsfeier des von Sr. Majestät dem Könige Ludwig I.

von Bayern diesem Fürsten zu Bamberg gewidmeten ehernen Standbildes

Joseph
Gutenäcker

**Franz Ludwig, Fürstbischof von Bamberg und Würzburg, Herzog zu Franken, in seinen Münzen**
*Einladungsschrift zur Enthüllungsfeier des von Sr. Majestät dem Könige Ludwig I. von Bayern diesem Fürsten zu Bamberg gewidmeten ehernen Standbildes*

ISBN/EAN: 9783743358379

Hergestellt in Europa, USA, Kanada, Australien, Japan

Cover: Foto ©ninafisch / pixelio.de

Manufactured and distributed by brebook publishing software (www.brebook.com)

Joseph
Gutena

cker

**Franz Ludwig, Fürstbischof von Bamberg und Würzburg, Herzog zu Franken, in seinen Münzen**

# Franz Ludwig

## Fürstbischof von Bamberg und Würzburg

### Herzog zu Franken

in

## seinen Münzen.

---

### Einladungsschrift

zur

### Enthüllungsfeier des von Sr. Majestät dem Könige
## Ludwig I. von Bayern
diesem Fürsten zu Bamberg gewidmeten ehernen Standbildes.

---

Im Auftrage des historischen Vereines
von
### Dr. Joseph Gutenäcker,

k. Studienrektor und Gymnasialprofessor, Ritter I. Klasse des V. O. vom hl. Michael,
Münzconservator des histor. Vereins dahier u. s. w.

(Separatabdruck aus dem XXVII. Berichte des histor. Vereins zu Bamberg.)

---

Bamberg, 1864.
Druck von J. M. Reindl.

Die beiden öfters unter einem Haupte verbundenen fränkischen Fürstbisthümer Bamberg und Würzburg gehörten zu den best regierten geistlichen Fürstenthümern des ehemaligen deutschen Reiches. Mit einem gewissen Selbstgefühle blicken daher die Bewohner dieser beiden fränkischen Provinzen, die nunmehr mit anderen Gebietstheilen unter Bayerns glorreicher Krone zu einem glücklichen Reiche vereinigt sind, noch heute auf jene ihrer früheren geistlichen Regenten hin, welche sich als Pfleger der höchsten Güter der Menschheit, der Religion und Sittlichkeit, als Beförderer der Kunst und Wissenschaft, als Schirmer des Rechts und der Gerechtigkeit, als Begründer des Wohlstands und Bürgerglücks, als Wohlthäter der leidenden Menschheit in guten und schlimmen Tagen bewährt haben, — ehren in treuem Andenken ihre Tugenden und segnen sie dankerfüllt als Väter des Volkes und Vaterlandes.

**Seiner Majestät dem Könige Ludwig I.**, diesem scharfblickenden, kunstsinnigen, im Wohlthun unerschöpflichen, ächt deutsch gesinnten Fürsten, der wahres Verdienst ehrt und hebt, konnten diese von den gewichtigsten Zeugnissen der Geschichte begleiteten Wahrnehmungen nicht entgehen. Ihm dankt daher unsere Nachbarstadt Würzburg das erne Standbild des großen Fürstbischofs, jenes Echters von Mespelbrunn, dessen Name allein schon hinreicht, die Herzen aller Franken zu Begeisterung und Dankbarkeit zu entzünden, und der wie einst im Leben so jetzt im Bilde dort, wo er der Religion, der Wissenschaft und der leidenden Menschheit unvergängliche Denkmale gegründet hat, noch immer seine im Wohlthun nie ruhende Hand zum Segen seines Volkes hebt.[1]

Aber auch die Schwesterstadt Bamberg

---

[1] Hier drängt sich folgende vergleichende Bemerkung auf: König Ludwig I. ließ, um des lange verkannten Tilly Verdienste zu ehren, unbekümmert um das Urtheil Schiller's und seiner Nachbeter, welche den großen Feldherrn zum Mordbrenner Magdeburgs stempelten (s. v. Breyer's Allgem. Gesch. III, S. 705), diesem ruhmreichen Helden im J. 1844 ein ehernes Standbild, in der bayer. Feldherrnhalle zu München setzen, und sofort hatte der königliche Ehrenretter die Genugthuung, daß Tilly nach dem Vorgange der Histor. polit. Blätter in München, von Dr. Heising in Berlin, Dr. Bensen in Rothenburg, Dr. Onno Klopp in Hannover, Dr. Joh. Janssen in Frankfurt a. M. u. A. mit der Waffe der Wissenschaft, mit unwiderleglichen historischen Dokumenten wegen der ihm gemachten Vorwürfe glänzend gerechtfertigt wurde. Anders sollte es Tilly's Zeit-, Geistes- und Gesinnungsgenossen, dem würzburgischen Fürstbischofe Julius ergehen. Auch sein ruhmreiches Wirken ehrte König Ludwig I. im J. 1847 durch Errichtung eines ehernen Standbildes zu Würzburg; aber trotz dieses erhabenen Zeugnisses, trotz des Jubels und Dankes, mit welchem Würzburg dieses königliche Geschenk begrüßte und trotz der allgemeinen Verehrung, welche Julius in Franken genießt, machte die im Jahre 1863 zur Feier des Stiftungstages der von ihm gegründeten Universität Würzburg gehaltene Rektoratsrede den eben so bemitleidenswerthen als gänzlich verunglückten Versuch, diesen großen Mann von seiner Höhe herabzuziehen.

soll, wie nunmehr die allerhöchste Entschließung Seiner Majestät König Ludwig's I. ergangen ist, (s. Bamberger Tagblatt vom 29. Mai 1864) und Alles in freudige Bewegung setzt, einer gleichen Zierde und Auszeichnung gewürdiget werden, soll sich des dauernden Anblickes des Standbildes eines Fürsten erfreuen, der von Papst und Kaiser geachtet, von Reichs= und auswärtigen Fürsten hochgeehrt, von der Liebe und Verehrung seines Volkes getragen, mit vollem Rechte den schönen Namen des weisen Frankenfürsten führt. Und Wem anders hätte König Ludwig's I. streng wägender Geist diese Ehre zuerkennen sollen, als dem edelsten der Fürsten, Franz Ludwig von Erthal, der von 1779 bis 1795 die bambergischen und würzburgischen Lande als Bischof und Fürst in der ruhmwürdigsten Weise regiert hat? Ja Seiner Majestät Munifizenz will unsere Stadt mit einem Geschenke, welches zu dem unvergänglichsten Danke gegen den königlichen Spender auffordert, beglücken, und schon jetzt sehnen sich Bambergs Bewohner freudebewegt dem Tage entgegen, an dem sie das Bild des Fürsten an erhabener Stelle prangen sehen sollen, der sein Glück nur in dem Glücke seiner Unterthanen suchte, der diesen Hoherpriester, Fürst und Vater im erhabensten Sinne des Wortes war.

Wenn aber dieses Geschenk Irgendwem die Verpflichtung auferlegt, seine Stimme zum herzinnigsten Danke gegen den Geschenkgeber wie zum Preise des Gefeierten laut zu erheben, so ist dieß gewiß der dasige historische Verein, denn er ist nicht bloß eine Schöpfung des hochsinnigen Königs Ludwig I., sondern er hat auch die Aufgabe und Verpflichtung, die geschichtlichen Interessen der Stiftung des eben so frommen wie thatkräftigen Kaisers Heinrich II. zu vertreten. Von dem genannten Vereine nun mit dem Auftrage beehrt, durch eine auf den Fürstbischof Franz Ludwig bezügliche Abhandlung auf das hocherfreuliche Ereigniß, dem Bamberg entgegen sehen darf, vorzubereiten, dadurch zugleich den tiefschuldigsten Dank für die hochherzige Gabe Seiner Majestät an den Tag zu legen und der Freude der Bevölkerung Ausdruck zu leihen, wählte ich den auf dem Titel bezeichneten Gegenstand, weil der unsterbliche Fürstbischof, ohne es zu wollen, sich in seinen Münzen selbst charakterisirt hat, und überlasse es unserem thätigen Herrn Bibliothekar Dr. Stenglein, das Lebensbild Franz Ludwig's von einer anderen Seite zu entwerfen, um so mehr, als ihm ein handschriftliches Materiale wie keinem Andern zu Gebote steht, und weil er seinen Beruf zu dieser Arbeit schon durch den gelungenen Artikel: „Erthal, Franz Ludwig Philipp Anton in der „Allgemeinen Real-Encyklopädie oder Conversations-Lexikon für das katholische Deutschland. Regensburg, Manz." III. Bd., S. 1139—1142 beurkundet hat. Und nun zur Sache selbst.

Bereits im Jahre 1838 habe ich in einer Rede über würzburgisch-fränkische Numismatik (s. Archiv des histor. Vereins für Unterfr. und Aschaff. V, 1, S. 165—187 u. V, 3, S. 133—135) darzulegen versucht, was für diesen Theil der Münzwissenschaft schon geleistet worden ist und was für denselben noch geleistet werden muß. Mein Freund, Prof. Dr. Georg Joseph Keller in Würzburg, dessen belehrenden Unterhaltungen ich viel verdanke und der durch seine ausgebreiteten Kenntnisse in der Numismatik überhaupt und in der fränkischen insbesondere vor allen Andern berufen gewesen wäre, seine Vaterstadt mit einem Werke über würzburgische Numismatik zu beschenken, ließ sich theils durch allzugroße Bescheidenheit, theils durch die Erfahrung, daß derartige Werke wegen ihres kleinen Leserkreises nur selten einen Verleger finden, abhalten, seine so weit möglich vollständige Geschichte und Beschreibung der würzburgischen Münzen dem Drucke zu übergeben, veröffentlichte aber, um mehrfache Wünsche nicht ganz unbefriedigt zu lassen, in dem oben erwähnten Vereinsarchive IV, 1, S. 167—170. V, 3, S. 127—132. VI, 1, S. 68—78. VI, 2, S. 33—58. VI, 3, S. 1—34. VI, 3, S. 35—64. IX, 2, S. 1—99. IX, 3, S. 1—66. X, 1, S. 1—50. X, 3, S. 130—186. X, 3, S. 187—205. XI, 1, S. 125—179. höchst schätzbare Beiträge zur würzburgischen und bambergischen Numismatik.

Der um Bambergs Kunst- und Gelehrtengeschichte vielfach verdiente Privatgelehrte Joseph Heller (geb. zu Bamberg 29. Sept. 1798 u. † ebenda 4. Juni 1849) gab nun im J. 1839 „Die bambergischen Münzen chronologisch geordnet und beschrieben" im Verlage von J. G. Sickmüller dahier heraus und nahm in diesem Werke auch jene würz=

urgischen Münzen auf, welche von den Fürstbischöfen, unter denen Bamberg und Würzburg vereinigt waren, geschlagen worden sind. Daß dieses Unternehmen sehr dankenswerth war, daß durch dasselbe einem wesentlichen Bedürfnisse gesteuert wurde, läßt sich nicht läugnen; aber der Verfasser, der für Bambergs Geschichte kein Opfer scheute, verfiel, indem er seine Münzbeschreibung fast mehr auf schon vorhandene Beschreibungen, als auf die eigene Anschauung größerer Sammlungen von bambergischen und würzburgischen Münzen gründete, in einen zweifachen Fehler, denn einmal gab er Vieles, was er nicht selbst gesehen, und dann entging ihm Vieles, was in einer solchen Beschreibung nicht fehlen darf; dort entstand daher Unzuverläßigkeit, hier Unvollständigkeit. Die Folge zeigte sich auch bald. Mein schon genannter Freund Dr. G. J. Keller gab unter aufrichtiger Anerkennung des gerechten Anspruches, den sich Hr. Heller durch seine Beschreibung auf den Dank des numismatischen Publikums erworben hatte, im Archive des histor. Vereins zu Würzburg VI, 1, S. 79—91 sehr wesentliche Supplemente zu dessen Münzbeschreibung und versprach zuletzt noch, die von Heller nicht angeführten Münzen, welche seit Einführung des Konventionsfußes für Bamberg und Würzburg geprägt worden sind, später nachzutragen. Letzteres unterließ er aber theils aus Besorgniß, die durch seine Supplemente schon geweckte Empfindlichkeit noch mehr zu steigern, theils auf das dringende Ersuchen des sel. Prof. Martin von Reider (geb. 30. Aug. 1793 zu Bamberg, † 5. Febr. 1862 zu München), ihm die Veröffentlichung dieser Nachträge überlassen zu wollen. Doch dieses Vorhaben gelangte so wenig wie manches andere des sel. Entschlafenen zur Ausführung.

Da nun von dem dasigen historischen Vereine die Obhut seiner numismatischen Sammlung, welche besonders durch die außerordentlich liebevolle Fürsorge seines vorzüglichen Gönners, des leider zu früh verblichenen Herrn Geheimen Rathes Dr. Schönlein einer sehr ansehnlichen Erweiterung sich zu erfreuen hatte ²), mir übertragen worden ist, so legte mir nicht blos die Eingangs erwähnte freudige Veranlassung, sondern auch das mir übertragene Amt die Pflicht auf, einen, wenn auch nur kleinen Beitrag zur Vervollständigung der bamberg-würzburgischen Münzbeschreibung zu liefern, wozu ich die Periode des frommen, weisen und gerechten Fürstbischofs **Franz Ludwig von Erthal**, wählte. Weiter bestimmte mich hiezu aber auch die Thatsache, daß die hieher gehörigen Münzen noch nicht vollständig beschrieben, am wenigsten geschichtlich erörtert worden sind; denn Heller führt nur 44 Numern von denselben an (Nr. 516—560), während ich hier 95 Numern, sonach mehr als die doppelte Anzahl, beschreibe, wage aber doch nicht zu behaupten, daß ich die Reihe

---

2) Dr. **Johann Lukas Schönlein**, geb. 30. Nov. 1793 zu Bamberg, Professor der Medizin an den Universitäten Würzburg, Zürich und Berlin, k. preuß. wirkl. Geheimer Obermedizinalrath, 1. Leibarzt u. s. w. brachte den Abend seines Lebens in seiner Vaterstadt, an die ihn seltene Liebe fesselte, zu und entschlummerte daselbst tiefbetrauert am 23. Jan. l. J. Lebte er hier auch zurückgezogen von dem öffentlichen Schauplatze der Wissenschaft, für die er so Außerordentliches geleistet und durch die er sich so hohen Ruhm erworben hatte, so lebte er doch fortwährend bis zu seinem sanften Ende in ihr. Ohne irgend einem Gegenstande des geistigen Lebens seine Aufmerksamkeit zu entziehen, so befaßte er sich hier zu seiner Erholung gerne mit Bibliographie, bamberger Geschichte und Numismatik, von denen die letztere ihn hauptsächlich nach zwei Seiten hin beschäftigte. Einmal waren es die Medaillen auf Aerzte und Naturforscher, von denen er sich eine ausgezeichnete Sammlung anlegte und dann die bambergischen Münzen u. Medaillen die er mit allem Eifer nur zu dem Zwecke suchte, um die Sammlungen des hasigen historischen Vereins, denen er auch in anderen Richtungen seine Pflege angedeihen ließ, möglichst zu vervollständigen und dadurch die Kenntniß der Geschichte Bambergs zu fördern. Aber auch der größte Theil der dem Vereine gehörigen klassisch-antiken Münzen ist ein Geschenk seiner Liebe zur Wissenschaft. Was das Naturalienkabinet und die Bibliothek dahier seiner liebevollen Fürsorge schulden, wissen alle Bewohner Bambergs, die dem wissenschaftlichen Leben nicht ferne stehen; welches Kleinod aber die Universitätsbibliothek Würzburg seiner Hochherzigkeit verdankt, wird die gelehrte Welt erfahren, wenn seine eben so in- wie extensiv reiche Schenkung vollends geordnet sein wird. Und dabei welch edles, schönes Herz! Wohlthun war ihm Freude und diese war um so inniger, je weniger die Bedrängten ihren Wohlthäter ahnten. Have pia anima!

der Franz Ludwig'schen Gepräge erschöpft hätte, zumal von mir grundsätzlich keines aufgenommen worden ist, das ich nicht selbst gesehen habe. Dann halte ich die Aufforderung, namentlich die Münzen der kleineren seit der Säkularisation verschwundenen Staaten zu beschreiben, für um so dringender, je unnachsichtiger der Schmelztiegel, der offizielle wie der nichtoffizielle, zum Nachtheile der Numismatik Alles verschlingt, was in seine Nähe kommt. Wer möchte wohl jetzt noch im Stande sein, die Reihe der von den drei letzten bamberger und würzburger Fürstbischöfen (1755—1803) geprägten Vierundzwanziger zu einer Sammlung zu vereinigen, da, wie bekannt, viele hundert Zentner dieser Münzart seit Kurzem eingeschmolzen worden sind? Gleiches Loos theilen aber auch die schönen Konventionsthaler wie die kleineren älteren Münzen, die nicht in Sammlungen aufbewahrt werden oder als Familienschatzgeld und als Pathengeschenke wenigstens für einige Zeit in wohlverwahrten Behältnissen eine Zufluchtsstätte gefunden haben. Möchten daher die historischen Vereine diesem Zweige der Kultur- und Kunstgeschichte unseres Vaterlandes die möglichste Aufmerksamkeit schenken und für ihre Sammlungen retten, was und so lange noch etwas zu retten ist.

Noch glaube ich die Frage beantworten zu müssen, weßhalb ich mich für berechtigt halte, der folgenden Beschreibung wenigstens eine relative Vollständigkeit beizulegen, denn eine absolute wird ein mit der Münzgeschichte Vertrauter wohl weder verlangen, noch versprechen. Unter Zuziehung des von meinem sel. Freunde, dem k. Landrichter Joh. B. Wilhelm Rost,[3]) verfaßten würzburgischen Münzkatalogs habe ich seit geraumer Zeit jene bambergischen und würzburgischen Mün-

---

[3]) Johann Bapt. Wilhelm Rost, geb. zu Würzburg 8. Juni 1797, gestorben als Landrichter zu Münnerstadt am 23. Februar 1854. Das Nähere über dessen Münzbeschreibung, so wie über die Schicksale derselben s. Archiv des hist. Vereins für Unterfr. u. Aschaff. V, 1, S. 173—174, 184 u. V, 3, S. 134—135.

zen, die ich theils selbst gesammelt, theils von Freundes Hand zur gefälligen Einsicht erhalten habe, mir genau bezeichnet, habe die dadurch gewonnene Beschreibung der Franz Ludwig'schen Münzen vor Kurzem in Würzburg mit den zwei bedeutendsten der dort befindlichen Sammlungen, die an Vollständigkeit wenig zu wünschen übrig lassen, der des sel. Herrn Adam Hübner, Domizellaren im ehemaligen Kollegiatstifte Neumünster (geb. 11. Sept. 1780 zu Würzburg, † ebenda 11. März 1849), und der meines Freundes Dr. G. J. Keller verglichen und hiernach meine Beschreibung ergänzt. Erstere Sammlung ist nunmehr als patriotisches Vermächtniß Eigenthum der Stadt Würzburg und dadurch hat sich der im Jahre 1838 von mir im Archive des hist. Vereins zu Würzburg V, 1, S. 174 ausgesprochene Wunsch, daß dieser Sammlung ein besseres Loos beschieden sein möge, als anderen ähnlichen Sammlungen, in der erfreulichsten Weise erfüllt. Dermalen steht dieselbe unter der Aufsicht des städtischen Rathes, des Herrn Dr. Leofrid Abelmann. Die seltene Gefälligkeit, mit der mir die Vergleichung dieser beiden Sammlungen gestattet wurde, so wie die Bereitwilligkeit, mit der mir beide Herren hierbei ihre Zeit opferten, fordert zu dem innigsten Danke auf, den ich denselben hiemit in der verbindlichsten Weise darbringe. Die Vergleichung einer dritten Sammlung war mir leider wegen des Unwohlseins ihres Besitzers nicht möglich.

Um Wiederholungen und Weitläufigkeiten in der nun folgenden Beschreibung zu vermeiden, erlaube ich mir noch einige Bemerkungen vorauszuschicken.

Das Portrait-Brustbild des Fürstbischofs Franz Ludwig ist auf allen von ihm geprägten Münzen hinsichtlich der Physiognomie ziemlich gleich, am sprechendsten wohl auf Nro. 80; dann ist es durchaus a) in Profil, b) linkshinsehend (→) und c) mit der damals üblichen rings mit Wülsten versehenen Perrüque bedeckt. Was das Kostum betrifft, lassen sich, kleinere Unterschiede abgerechnet, hauptsächlich fünf Arten unterscheiden, die der Kürze halber durch Brustbild 1, 2, 3, 4 und 5 bezeichnet werden sollen.

Das Brustbild 1. zeigt den Fürstbischof im bischöflichen Talare mit Spitzenkragen, Kollar und mit dem um den Hals auf die Brust herabhängenden Kreuze (Pettorale). Der Fürsten= (Hermelin=) Mantel ist unten rings um dasselbe herumgeschlagen, und schließt es so büstenartig ab.

Das Brustbild 2. unterscheidet sich von 1. dadurch, daß an der Seite des rechten Oberarmes das vierfeldige von erthal'sche Wappen (1. und 3. Feld roth mit zwei silbernen Querbalken, 2. und 4. Feld ledige blaue Schilde) angebracht ist, von welchem unten eine kleine palmartige Verzierung ausläuft.

Das Brustbild 3. gleicht an Talar, Spitzenkragen, Kollar und Kreuz dem Brustbilde 1., aber der Hermelinmantel hängt von einer oben an dem Talare angebrachten Agraffe nach hinten herab.

Das Brustbild 4. schließt wie 1. büstenartig ab, obgleich wie bei 3. der Hermelinmantel an einer Agraffe befestigt ist.

Das Brustbild 5. endlich ist mit dem Hermelinmantel umhangen und mit Kollar und Kreuz versehen, aber ohne Talar. — Ueber diese Darstellung soll es zu Erörterungen mit Franz Ludwig's eigenem Bruder, dem Erzbischof=Kurfürsten von Mainz, Friedrich Karl Joseph von Erthal, gekommen sein, weil dieser behauptete, daß nur ein Erzbischof=Kurfürst den Hermelinmantel auf diese Weise tragen dürfe.

Bei dem Wappen finden mit geringer Ausnahme folgende Unterschiede statt:

Wappen 1. Die Spitze eines ausgespannten, mit Franzen besetzten, oben zu beiden Seiten in Knoten, von denen an Schnüren befestigte Quasten herabhängen, gebundenen Hermelinmantels ist mit der Kaiserkrone [4]) bedeckt und

---

[4]) Die Kaiserkrone führt Bamberg wohl zunächst als Stiftung Kaisers Heinrich II. und darum hat auch die bamberger Ka=

mit dem Kreuzstabe⁵) hinter der Kaiserkrone geschmückt. Dieser Hermelinmantel breitet sich aus über das in einem geschweiften Schilde befindliche quadrirte bamberg=würzburgische Wappen mit dem gekrönten oben bei Brustbild 2. beschriebenen quadrirten v. erthal'schen Herzschilde, welches mit dem Herzogshute⁶), mit dem Schwerte und Bischofsstabe geziert ist. Das bamberg=würzburgische Wappen hat folgende Zeichnung: 1. und 4. Feld golden mit einem schwarzen Löwen, über den

thebralkirche den Ehrentitel ecclesia imperialis. Dr. Zepernick in seinem lehrreichen Buche: Die Capitels- und Sedisvacanzmünzen und Medaillen der Deutschen Erz-, Hoch- u. unmittelbaren Reichsstifter. Halle, Gebauer. 1822. 4to. sagt S. 88: dieser Ehrentitel wurde nach und nach eingeführt, weil der Stifter in den Urkunden sie „imperialem nostram" genannt; denn darum allein, weil ein Kaiser das Stift fundirt hatte, kann es nicht geschehen seyn, weil sonst die von den Kaisern Karl dem Grossen, Ludwig dem Frommen, Otto u. a. m. gestifteten Domkirchen sich auch so hätten nennen können. In welcher Urkunde Heinrichs II. findet sich der Ausdruck ecclesia imperialis nostra? Soll die ecclesia imperialis vielleicht Hofkirche bedeuten? — In einer Urkunde Heinrich's II. d. d. Frankfurt, 11. Okt. 1016 oder 1017 heißt es: eamque [abbatiam Teggingen in Rhaetia] nostro bambergensi episcopatui ....... imperiali munificentia contradidimus. Monum. Boic. Vol. XXVIII. P. I. p. 460.

5) Den Kreuzstab oder das erzbischöfliche Kreuz sich vortragen zu lassen, ist ein besonderes Privilegium jener Bischöfe, denen, ohne Erzbischöfe zu sein, das Pallium verliehen war. Bamberg erhielt das Pallium schon 1053 vom Papste Leo IX., Würzburg aber erst 1752 vom Papste Benedikt XIV., deßhalb kommt der Kreuzstab auf rein würzburgischen Münzen auch erst unter Karl Philipp von Greiffenklau (1749—1754) als Wappenschmuck vor. Auf den beiden größeren bamberger Sedisvakanzmedaillen vom Jahre 1747 Nr. 66, 350, sowie auf der größeren v. J. 1779 Nr. 92 nimmt Zepernick mit Mabai irriger Weise den Kreuzstab für das „Prälatenkreuz" (Pektorale).

6) Den Herzogshut tragen die würzburgischen Münzen wegen des Herzogthums Franken. Den Titel „Herzog zu Franken" — „Franciae orientalis Dux" führt in Urkunden zuerst Bischof Gottfried IV., Schenk von Limburg (1444—1455), aber auf Münzen kommt der Titel Dux schon unter Embrico (1125—1147), verläßiger aber unter Reginhard (1172—1184) vor. So Archivar Seibner in „Die geöffneten Archive für die Geschichte des Königr. Bayern. I. Jahrg. 7. Heft. München 1821/22, S. 233 und 247."

ein silberner rechter Schrägbalken hingezogen ist [7]). (Wappen des Fürstenthums (principatus) Bamberg.) 2. Feld roth mit aufwärts gehenden silbernen Spitzen (fränkischer Rechen genannt). 3. Feld blau mit der rechtshin schräggelegten Fahne, deren Blatt, von Roth und Silber quadrirt, aufwärts gerichtet und an einer goldenen Lanze befestigt ist [8]). Wappen 2. ähnlich dem Wappen 1., nur daß der Schild nicht geschweift, sondern rund ist. (Würzburger Sterbmünzen.)

[7]) Weil der Löwe häufig, aber unrichtig, so dargestellt ist, als ob er an dem Schrägbalken aufsteige oder reite, so heißt er in der Volkssprache nur der Stangenreiter.

[8]) Die Frage, was bedeuten die Spitzen, was die Fahne in dem fürstbischöflich würzburgischen Wappen? sind die ersteren oder ist die letztere das Zeichen des Herzogthums Franken? ist heute noch unentschieden. Für die Spitzen als Kapitelswappen spricht a) daß sie in dem fürstbischöflichen Wappen den Vorrang vor der Fahne haben, wodurch wohl angedeutet werden soll, daß den Fürstbischöfen und dem Domkapitel die bischöfliche Würde höher stand als die fürstliche, so wie auch der Titel Episcopus dem des Princeps und Dux vorausging und daß der Principatus u. Ducatus bloß als ein Annexum der bischöflichen Würde betrachtet wurde. (Man erinnere sich des Streites des würzb. Domkapitels mit dem Fürstbischof Adam Friedrich von Seinsheim wegen des sogenannten Herzogthalers.) b) Salver nennt in seinen „Proben des hohen Teutschen Reichs-Adels 1775." Fol. Tab. XVI, Nr. 52 die erwähnten Spitzen das „Wappen des hohen Domkapitels". c) Auf allen sieben würzburgischen Sedisvakanzmedaillen (1749, 1754, 1779 u. 1795) kommen nur die Spitzen, nie die Fahne vor und auf den beiden ersten vom Jahre 1749 haben die Spitzen sogar die Umschrift: Capitulum cathedrale Wirceburgense; und endlich d) tragen auf den erwähnten sieben Sedisvakanzmedaillen die Spitzen die Grafenoder überhaupt Adelskrone nie aber den Herzogshut, den sie gewiß tragen würden, wenn sie das Zeichen des Herzogthums wären und nicht des adeligen Domkapitels. Wer möchte aber widerstreiten, daß die Fahne recht eigentliches Symbol der Herzogswürde ist? Diesem gegenüber repräsentiren die Spitzen in dem neuen kgl. bayer. Wappen das Herzogthum Franken, und neuestens vertheidigt diese Ansicht Herr Fürst zu Hohenlohe-Waldenburg in seiner heraldischen Monographie: „Das Wappen der Reichsschenken von Limpurg. Stuttgart, Blum und Vogel. 1861." 4to. — Möchte mein Freund Karl Heffner in Würzburg gelegentlich seiner zu erwartenden Beschreibung der würzburger Siegel in dieser lis heraldica den judex machen, seine ausgebreiteten Kenntnisse in der fränkischen Geschichte überhaupt und in der Heraldik und Sphragistik insbesondere würden seiner Stimme ein besonderes Gewicht geben.

Wappen 3. Unter einem Hermelinmantel, der dem unter 1. beschriebenen gleicht, aber nur mit dem Herzogshute und Kreuzstabe geschmückt ist, befindet sich in einem mit Schwert und Stab versehenen ovalen Schilde das bei 1. beschriebene quabrirte bamberg=würzburgische Wappen mit dem von erthal'schen gekrönten Herzschilde. Dieses Wappen kommt auf den Vierundzwanzigern vom Jahre 1791 in dreifacher Weise vor, und zwar:

Wappen 3a. Der ovale Schild ist mit einem aus dem Herzogshute auslaufenden Laubgewinde umgeben, bei

Wappen 3b. geht das Laubgewinde nicht von dem Herzogshute, sondern rechts beim Schwerte und links beim Bischofsstabe aus, endlich

Wappen 3c. hat gar kein Laubgewinde.

Wappen 4. Ein geschweifter Schild enthält das oben unter 1. beschriebene quabrite bamberg=würzburgische Wappen mit dem v. erthal'schen Herzschilde. Der Hauptschild selbst ist mit dem Herzogshute, Schwert und Stab geschmückt und an seinen beiden oberen Ecken laufen hakenförmige Verzierungen aus, von welchen Laubgewinde herabhängen (Schillinger).

Die in der Regel abgekürzten Um= und Inschriften sind statt weitläufiger Erklärungen da, wo sie zum ersten Male vorkommen, in kleiner Schrift ergänzt. Ist die Um= oder Inschrift durch irgend einen Gegenstand unterbrochen oder getrennt, so ist dieß durch einen Querstrich — angedeutet, während die Zeilenabtheilung bei Inschriften durch einen senkrechten Strich | bemerkbar gemacht wird. Av. = Avers (pars adversa, antica) ist die Haupt= oder Vorderseite der Münze, Rev. = Revers (pars aversa, postica) die Kehrseite derselben. R. steht für rechte Hand (☞) und L. für linke Hand (☞). Der Buchstabe W auf den Münzen bezeichnet ihren Prägeort Würzburg und die folgenden Anfangsbuchstaben der hier vorkommenden Namen der Münzmeister, Münzwarbeine und Stempelschneider, (Graveurs, Medailleurs) sind also zu deuten:

G. = **Götzinger**, Friedrich, war ein Sohn des 1791 zu Ansbach verstorbenen fürstlich ansbach'schen Medailleurs und Münzmeisters Johann Samuel Götzinger. In den würzburger Staatskalendern von 1790 bis 1802 kommt er als Münzstempelschneider vor. Nagler, Monogrammatisten II, S. 946—947 sagt: „Von ihm ist daher die G bezeichnete Sterbmünze [?] des Fürstbischofs Franz Ludwig von Erthal 1795." Ich kann auf keiner der vier unter Nr. 92—95 beschriebenen Sterbmünzen Franz Ludwig's ein G entdecken, und eine andere Sterbmünze dieses Fürsten ist mir nicht bekannt. Wahrscheinlich hat Nagler die unter Nro. 88 beschriebene Huldigungsmünze, welche die Stadt Bamberg auf den neugewählten Fürstbischof Franz Ludwig prägen ließ, mit dessen Sterbmünze verwechselt.

M.—M. = **Martinengo** Vater und **Martinengo** Sohn. Der Vater Johann Nikolaus Martinengo war kurtrierischer und fürstlich würzburgischer Münzrath und Münzmeister und als solcher kommt er in den würzburger Staatskalendern von 1765 bis 1802 vor. Sein Sohn Gotthard Martinengo wurde 4. Mai 1765 zu Würzburg geboren, im Jahre 1794 erscheint er neben seinem Vater auf Münzen als Münzwardein, ohne daß er als solcher im Staatskalender aufgeführt wäre. Im Jahre 1806 erscheint er als kurbayer. Landesdirektionsrath und 1806 bis 1812 versah er als großherzogl. Landesdirektionsrath provisorisch das Münzamt, später wurde er k. bayer. Regierungsrath und starb im Ruhestande am 20. Nov. 1857 in seiner Vaterstadt mit Hinterlassung einer sehr ansehnlichen Sammlung von Kunst- und antiquarischen Gegenständen.

M.—P. = Johann Nikolaus **Martinengo** (s. vorher) und Franz Hermann **Prange**, welcher Letztere sich in den würzburger Staatskalendern von 1765 bis 1781 als „Spezial-Münzwardein" findet.

Œ = Johann Lorenz (oder Leonard?) **Oechslein**, Oerlein Oechsel, ein Sohn des Medailleurs und Edel-

steinschneiders Christian Daniel Oechslein, der um 1720 in Nürnberg sich den Ruhm eines geschickten Künstlers begründete und 1736 zu Regensburg starb. Johann Lorenz Oechslein wurde 28. Jan. 1715 zu Nürnberg geboren, wo er auch 26. Oct. 1787 starb. Ueber ihn s. Jäck's Leben und Werke Bamberger Künstler, II, S. 73—76.
R. = Riesing Vater und Sohn. Der Vater Veit Riesing heißt im würzb. Staatskalender von 1765 „Münz-Stempelschneider-Assistent", von 1770 bis 1788 „Münzstempelschneider", im Jahre 1789 kommt er nicht mehr vor. Sein Sohn Friedr. Karl Ernst Riesing wurde 1. Juli 1775 zu Würzburg geboren und bildete sich im Zeichnen, Possiren und Graviren theils unter der Anleitung seines Vaters theils an der Malerakademie zu Cassel. Im Jahre 1794 machte er sich als Münzgraveur in Würzburg ansässig. Ueber eine Medaille, die er angeblich auf Franz Ludwig gefertigt hat, s. unten nach Nr. 95.
Die Größe der Münzen ist nach Appel's Münzmesser angegeben.

# I.
## Kursmünzen und Medaillen,
die von dem Fürstbischofe Franz Ludwig geprägt worden sind.

### A. Kursmünzen in Gold.
1) **Dukaten.** (Größe: fast 15.)

a) **Dukaten mit Brustbild und Wappen von 1780, 1781, 1782 und 1783.**

**Nr. 1.**

Av. Umschrift unten rechts beginnend: FRANC.(iscus) LUD.(ovicus) D.(ei) G.(ratia) EP.(iscopus) BAM.(bergensis) ETWIR.(ceburgensis) S.(acri) R.(omani) I.(mperii) P.(rinceps) F.(ranciae) O.(rientalis) DUX. Brustbild 4, darunter R.(iesing) f.(ecit).

Rev. Umschrift oben links beginnend: DUCATUS DUCIS—FRANCORUM. 1780. Wappen 1.

### Nr. 2.

Av. u. Rev. wie Nr. 1, nur daß hier die Jahrzahl 1781 steht.

### Nr. 3.

Av. u. Rev. wie Nr. 1, nur daß hier die Jahrzahl 1782 steht.

### Nr. 4.

Av. u. Rev. wie Nro. 1., nur daß hier die Jahrzahl 1783 steht.

b) **Dukate mit Brustbild und den drei Heiligen von 1785.**

### Nr. 5.

Av. wie Av. von Nr. 1.

Rev. Umschrift unten rechts beginnend: S.(anctus) KILIANUS CUM SOCYS (für SOCIIS) FRANCOR:(um) APOSTOLI. In der Mitte steht der heil. Kilian mit umstrahltem Haupte in bischöflichem Ornate mit dem Stabe in der R. und mit dem Schwerte in der L.; ihm zur R. steht auf einem Postumente der hl. Kolonat, das Haupt umstrahlt, im Diakonengewande mit der Martyrpalme in der R. und dem Kelche in der L.; diesem gegenüber, gleichfalls auf einem Postumente, steht der hl. Totnan, das Haupt umstrahlt, im Diakonenkleide, hält mit der R. die Bibel auf die Brust und mit der L. die Martyrpalme. Vor dem hl. Kilian und dessen Füße verdeckend befindet sich das kreisrunde mit dem Herzogshute, Kreuzstabe, Schwerte und Bischofsstabe gezierte quadrirte bamberg=würzburgische Wappen mit dem gekrönten von erthal'schen Herzschilde (s. Wappen 1), von dessen beiden Seiten unten eine kleine palmartige Verzierung ausläuft. Unten im Abschnitte rechts vom Wappen: DUCAT. und links von demselben: 1785.

**2. Goldgulden.** (Größe: 14.)

a) **Ein Doppelgoldgulden mit Brustbild und dem hl. Kilian von 1786.**

### Nr. 6.

Av. Umschrift wie im Av. von Nr. 1, Brustbild 2, ohne Namen des Graveurs.

Rev. S. KILIANUS FRANCORUM APOSTOLUS.
Der aufrecht stehende hl. Kilian mit umstrahltem Haupte, im bischöflichen Ornate, mit zum Segen gehobener R., ohne Stab und mit dem Schwerte in der L. Unten zu beiden Seiten desselben 17—86. und im Abschnitte: ZWEY GOLD| GULDEN. — Von diesem Doppelgoldgulden soll es drei Schläge geben, die sich hauptsächlich durch die Edelsteine im Kreuze des Fürsten unterscheiden. Ich habe nur den einen beschriebenen gesehen.

b) **Einfacher Goldgulden mit Brustbild und dem hl. Kilian von 1786.**

**Nr. 7.**

Av. Umschrift wie im Av. von Nro. 1, Brustbild 2, ohne Namen des Graveurs.

Rev. wie Rev. von Nr. 6, nur daß hier im Abschnitte EIN GOLD|GULDEN steht.

c) **Goldgulden mit Brustbild und dem hl. Burkard von 1786 und 1790.**

**Nr. 8.**

Av. wie Av. von Nr. 7.

Rev. S: BURKARD:(us) PRIM:(us) E—P:(iscopus) HERB:(ipolensis) FR: O: DUX. — Der stehende hl. Burkard mit der Insel auf dem Haupte, mit Strahlen um das Haupt und im bischöflichen Gewande, hält in der R. das unter sich gekehrte Schwert und in der L. die Fahne. Daneben: 17—86. Im Abschnitte: EIN GOLD|GULDEN.

Der hl. Kilian, der Apostel der Franken, ermordet um 688, war nicht Bischof von Würzburg, sondern Episcopus regionarius; dagegen war der hl. Burkard der erste Bischof von Würzburg (741 oder 742 † 754) und war von dem hl. Bonifaz auf der Salzburg bei Neustadt a. d. fr. S. als solcher geweiht worden.

### Nr. 9.

Av. Umschrift wie im Av. von Nr. 8. — Brustbild 2, ohne Namen des Graveurs.

Rev. wie Rev. von Nr. 8, nur daß hier die Jahrzahl 17—90 steht.

In der Hübner'schen Sammlung befindet sich ein Kupferabschlag von einem Goldguldenstempel v. J. 1790, der im Ganzen der Nr. 9 ziemlich ähnlich ist; doch fehlen die Strahlen am Haupte, und auch die Stellung des Schwertes zu den Buchstaben des Wortes EIN ist eine andere. Ob ein solcher Goldgulden wirlich existirt, oder ob dieß ein bloßer Probabschlag des Goldguldens Nr. 9 war, der dann abgeändert wurde, vermag ich nicht zu bestimmen.

## B. Kursmünzen in Silber.
### 1) Konventionsthaler.

(Werth 2 fl.-frk. oder 2 fl. 24 kr. rhn. und nach dem jetzigen 24¼ fl.=Fuß 2 fl. 27 kr. — Größe: 26 u. 27.)

a) **Würzburger Konventionsthaler mit Brustbild und Wappen von 1779.**

### Nr. 10.

Av. FRANC. LUDOV. D. G. EP. WIRC. S. R. I. PR. FR. OR. DUX. — Brustbild 1, darunter R. f.

Rev. 10. EINE FEINE — MARCK. 1779. (Eine feine Mark = 20 fl. frk. oder 24 fl. rhn. Jetzt 24 fl. 30 kr.) Unter einem ausgespannten, mit Franzen besetzten, oben an beiden Enden in Knoten, von denen Quasten herabhängen, gebundenen Hermelinmantel, der mit dem Herzogshute, Kreuzstabe, Schwerte und Bischofsstabe geschmückt ist, befindet sich in einem ovalen verzierten Schilde das quadrirte würzburgische Wappen (1. u. 4. Feld die Spitzen, 2. u. 3. Feld die Fahne — s. Wappen 1) mit dem gekrönten v. erthal'schen Mittelschilde (s. Brustbild 2). Unten rechts und links die Buchstaben M.(artinengo) — P.(range).

Unmittelbar nach der am 18. März 1779 erfolgten

Wahl Franz Ludwig's zum Fürstbischofe von Würzburg und Herzoge von Franken wurde der eben beschriebene Konventionsthaler geschlagen. Der Neugewählte war aber auch Domkapitular in Bamberg und hatte sich statutengemäß bei der auf den 12. April angesetzten Wahl für den fürstbischöflich bambergischen Stuhl zu betheiligen. Deßhalb reiste er am 10. April 1779 hieher, stieg unter Ablehnung alles Zeremoniels in seinem Domherrnhofe (D. III, Nr. 1191) ab, folgte sogleich des andern Tages seiner brüderlichen Liebe zu seiner leidenden Schwester Maria Sophia \*) und bereitete hieburch

---

9) Mögen folgende Zeilen zum Andenken an die Schwester des gefeierten Fürsten gestattet sein. **Maria Sophia Margaretha Katharina Freiin v. Erthal** war geb. 19. Juni 1725 (nach dem Taufregister der Pfarrei Lohr. Sonach ist der Geburtstag auf ihrem Grabsteine irrig angegeben.) zu Lohr a/M. in dem dortigen Schlosse, dem jetzigen Bezirksamtsgebäude, wo auch Franz Ludwig am 16. Sept. 1730 das Licht der Welt erblickte. Schon in ihrem 21. Jahre entzog sich die fromme Schwester des frommen Bruders dem Geräusche der Welt, wählte sich das Institut der dasigen englischen Fräulein zu ihrem beschaulichen Aufenthalte und beschloß hier, ohne selbst Mitglied des Institutes zu sein, ihre Tage, unterstützt von der ihr treu ergebenen Kammerfrau Magdalena Geyer. Diese war mit ihr in die stillen Räume eingezogen und hatte 49½ Jahr an ihrer Seite ausgeharrt, als sie 74 J. alt am 20. Dezbr. 1795 der Tod der geliebten Gebieterin entriß. Das edle Freifräulein ertrug all ihre Leiden und ihre endlich gänzlich erfolgte Erblindung durch die Kraft ihres Glaubens mit der kindlichsten Ergebung in den Willen Gottes. Die öfteren Besuche ihres fürstlichen Bruders gehörten zu ihren schönsten und trostreichsten Stunden. Wie aber dieser seine Dankbarkeit für die liebevolle Pflege, welche die theure Schwester bei den englischen Fräulein fand, unter andern durch den an die Institutskirche anstoßenden Neubau (der — eine Seltenheit — sein Wappen trägt) für die unter des Instituts Leitung stehenden Mädchenschulen bethätigte, so bewies auch die edle Schwester ihre dankbare Gesinnung gegen das Institut durch ein Vermächtniß von 10,000 fl., sowie auch ihre Dienerin M. Geyer nach Maß ihrer Kräfte ihre Dankbarkeit durch verschiedene Spenden (im Betrage von etwa 750 fl. frk.) für die Kirche und das Institut an den Tag gelegt hatte. — Die fromme Dulderin S. v. Erthal starb am 16. Juli 1796 und wurde in dem Gottesacker der ehemaligen St. Martinskirche bestattet. Die ihr hier gewidmete Gedenktafel von schwarzem Marmor wurde im Jahre 1804 beim Abbruche dieser Kirche in die Kapelle des Krankenhauses versetzt. Dadurch erfüllte man eine Pflicht der Pietät gegen den Stifter des Krankenhauses Franz Ludwig und gegen

unaussprechliche Freude und reichlichen Trost. Der folgende Tag führte ihn in die Wahlversammlung und da auch hier alle Wahlstimmen sich für ihn vereinigten und ihn unter dem allgemeinen Jubel und den heißesten Segenswünschen auf den fürstbischöflichen Stuhl riefen, so wurde unmittelbar darauf als Zeichen der neuen Würde der Konventionsthaler Nr. 11 geprägt.

b) **Bamberg-würzburgische Konventionsthaler mit Brustbild und Wappen von** 1779, 1781 und 1784.

### Nr. 11.

Av. FRANC. LUDOV. D. G. EP. BAMB. ET WIRC. S. R. I. PR. FR. OR. DUX. Brustbild 1, darunter R. f.

Rev. 10. EINE FEINE — MARCK. 1779. Wappen 1. Unten zu beiden Seiten M. — P.

### Nr. 12.

Av. wie Av. von Nr. 11.

Rev. wie Rev. von Nr. 11, nur daß hier die Jahrzahl 1781 steht.

dessen Schwester M. Sophia, welche die Schöpfung ihres Bruders mit einem Vermächtnisse von 7,775 fl. 29½ kr. bedacht hatte. (S. Dr. Pfeufer's Gesch. des allgem. Krankenhauses. Bamberg, Kunz, 1825. S. 167—169, wo auch noch andere Liebesgaben von Gliedern der v. erthal'schen Familie aufgezeichnet sind.) Die fragliche Gedenktafel trägt folgende Inschrift:

GEWEIHT DER ASCHE
DER REICHS FREY HOCHWOHLGEBOHRNEN
FRÄULEIN MARIA SOPHIA CATHARINA
MARGARETHA FREYIN VON ERTHAL
\* \* \*
SIE WARD GEBOHREN MDCCXXV DEN 16. IUL.
EIN GUTER SPRÖSSLING ERHABENER AHNEN,
IN DER FOLGE ZWEYER FÜRSTEN SCHWESTER:
SIE LEBTE IM KAMPFE DES GLÜCKS MIT DEN LEIDEN,
DIE GEPRÜFTE FREUNDINN DER TUGEND:
SIE STARB SELBST DURCH DEN KAMPF GESTAERKT
MDCCXCVI AM TAGE IHRER GEBURT [?]
DIE EDLE HELDIN DES CHRISTENTHUMS:
HIER RUHET SIE NACH DEM SIEGE DES GLAUBENS
REIF ZUR VERKLÄRTEN AUFERSTEHUNG. \*

## Nr. 13.

Av. wie Av. von Nr. 11.

Rev. wie Rev. von Nr. 11, nur daß hier die Jahrzahl 1784 steht.

c) **Konventionsthaler mit Brustbild und Patrona Franconiae von 1786.**

## Nr. 14.

Av. Umschrift wie im Av. von Nr. 11, Brustbild 3, darunter R. f.

Rev. Oben im Halbkreise: PATRONA — FRANCONIÆ.[10]), im untern Halbkreise: E.(inc) FEINE — M. W P. — MARK. 1786. In Mitte dieses Kreises befindet sich die hl. Maria, auf Wolken sitzend, mit der Krone auf dem von einem Heiligenscheine umringten Haupte und in der obern Hälfte des Körpers von Strahlen umgeben, hält in der R. das Szepter, in der L. das auf ihrem Schooße sitzende Jesuskind, während ihre Füße auf dem Halbmonde ruhen. Das Jesuskind ist gleichfalls von dem Heiligenscheine an seinem Haupte umringt, hält in der R. den Reichsapfel und zeigt mit der L. gen Himmel.

d) **Konventionsthaler mit Brustbild und dem hl. Kilian von 1790.**

## Nr. 15.

Av. Umschrift wie im Av. von Nr. 11, nur fehlen die

---

10) Das Bild der jungfräulichen Mutter unseres Heilandes, der Schutzheiligen Frankens so wie Bayerns, blickt als Wahrzeichen Würzburgs in vollem Glanze von der Zinne des dortigen nunmehr trefflich restaurirten Marienkapellenthurmes freundlich hernieder auf die Stadt und ihre Umgebung. Ein zweites ähnliches Bild prangte früher auch auf dem Marienthurme der Festung Marienberg, von wo es während der Belagerung am 3. Febr. 1814 zur tiefsten Trauer der Bewohner der Stadt und des Landes von den Franzosen herabgerissen wurde. Näheres hierüber findet sich in: „Die Blokade der Festung Marienberg und des Mainviertels zu Würzburg von Ullrich. Würzb. 1819. Bonitas. 8. S. 65—78. Außer Patrona Franconiae finden sich noch auf verschiedenen würzb. Münzen die hierauf bezüglichen Sprüche: Custodes invicti patriae, Clypeus omnibus in te sperantibus, Suscipe et protege etc.

Punkte nach D, WIRC und DUX, von welch letzterem Worte der Buchstabe X in den Talar hineinreicht. Brustbild 3, darunter G. f.

Rev. S. KILIANUS. FRAN — CORUM. APOSTOLUS (ohne Punkt nach Apostolus). Der hl. Kilian, das Haupt von Strahlen umgeben, steht im bischöflichen Ornate auf einem Postumente, hält in der R. den Bischofsstab, der bei seinem rechten Fuße auf dem Postumente ruht und in der L. das Schwert. Zu beiden Seiten des Postumentes:

17--90
M — P

und unten im Abschnitte: X. EINE. FEINE|MARCK.

### Nr. 16.

Av. Umschrift wie im Av. von Nr. 11, Brustbild 1, darunter G.

Rev. wie Rev. von Nr. 15.

e) **Konventionsthaler mit Brustbild und den drei Heiligen von 1785.**

### Nr. 17.

Av. Umschrift wie im Av. von Nr. 11, Brustbild 3, darunter R. f.

Rev. S. KILIANUS CUM SOCYS (für SOCIIS) FRANCORUM APOSTOLI. Die hl. Kilian, Kolonat und Totnan wie bei dem Dukaten Nr. 5. Rechts vom rechten Fuße des hl. Kolonat steht M., links vom linken Fuße des hl. Totnan P., unten im Abschnitte zu beiden Seiten des Wappens 17—85 und darunter rund herumlaufend: X. E. FEINE MARCK.

f) **Doppelkonventionsthaler mit Brustbild und merces laborum v. J. 1786.**

### Nr. 18.

Av. Umschrift wie im Av. von Nr. 11, die Punkte nach den einzelnen Worten sind aber sehr schwach zuweilen kaum erkennbar. — Brustbild 3, darunter R. f.

Rev. Oben, der Kreislinie folgend: MERCES LA-

BORUM. Auf einem Tische, auf welchem eine Landkarte ausgebreitet ist, auf der ein Globus mit einem Absehrer steht und an welchem ein aufgeschlagenes Buch anlehnt, sitzt ein nackter geflügelter Genius mit einem leichten Umhange, dieser hebt mit der L. einen Kranz in die Höhe und schüttet mit der R. aus einem Füllhorne, welches auf seinem linken Oberschenkel aufliegt, Geld aus. Unten zu beiden Seiten:
17--86
M.—P.
Im Abschnitte: V. EINE FEINE|MARCK.

Von diesem Stempel kenne ich zweierlei am Rande wesentlich verschiedene Schläge, der eine hat eine schuppenartige Randverzierung, die von einer Kante bis zur andern hinüberreicht, regelmäßig und sich stets wiederholend rings das Gepräge einschließt, bei dem andern aber laufen zwei büschelartige Verzierungen neben einander um den Doppelthaler herum und in Mitte derselben befindet sich eine Vertiefung, so daß zwei einfache Thaler auf einandergelegt zu sein scheinen

g) **Einfache Konventionsthaler mit dem Brustbilde und merces laborum von 1786, 1791 u. 1794.**

Nr. 19.
Av. wie Av. von Nr. 18.
Rev. wie Rev. von Nr. 18, nur steht hier im Abschnitte: X. EINE FEINE|MARCK.

Nr. 20.
Av. Umschrift wie im Av. von Nr. 18, aber Brustbild 1, darunter R. f.
Rev. wie im Rev. von Nr. 19.

Nr. 21.
Av. wie Av. von Nr. 19.
Rev. Um- und Inschriften gleich denen im Rev. von Nr. 19, nur daß hier die Jahrzahl 17—91 steht. Die bildliche Darstellung ist der von Nr. 18, 19 und 20 sehr ähnlich, nur ist der Umhang des Genius größer, Kranz und

Landkarte sind kleiner und das Füllhorn ist mehrfach gewunden und läuft spitziger zu.

**Nr. 22.**
Av. Umschrift wie die im Av. von Nr. 11, nur steht hier LUD. statt LUDOV., dann sind die Schriftzeichen etwas größer und unter dem Brustbilde 3 steht G. f.
Rev. ähnlich dem Rev. von Nr. 21.

**Nr. 23.**
Av. Umschrift wie im Av. von Nr. 11, Brustbild 1, darunter R. f.
Rev. Um- und Inschriften gleich denen im Rev. von Nr. 19, nur steht hier die Jahrzahl 17—94. Die bildliche Darstellung ähnlich den vorhergehenden, aber hier ist a) das Untergestelle des Tisches künstlicher, b) der Umhang des Genius flattert im Winde, c) der Genius hält mit der R. den Kranz in die Höhe und hält mit der L. das Füllhorn.

**Nr. 24.**
Av. wie Av. von Nr. 23.
Rev. ähnlich Rev. von Nr. 23, nur stehen hier einmal die Füße des Genius auf gleicher Fläche, während be den vorhergehenden Geprägen der linke Fuß um eine Stufe höher steht, und dann fehlt hier auf dem Globus der Absehr, der auf Nr. 18—23 angebracht ist.

Es soll noch einige Varietäten von Doppel- und einfachen Thalern mit merces laborum geben, so namentlich eine Verschiedenheit von Nr. 24, auf welcher nur 7 statt 10 Geldstücke dem Füllhorn entfallen; mir aber ist es nicht gelungen, weder diesen Thaler, noch die Heller'schen Numern 528, 529 und 531 zu sehen.

Die hier angeführten Thaler mit merces laborum ließ der edle Fürstbischof Franz Ludwig, dessen Augenmerk nicht leicht ein Verdienst entging, theils als Schulpreise zur Aufmunterung der Jugend, theils als Belohnungen für pflichtgetreue Lehrer, theils als Anerkennung besonders rühmlicher Leistungen in anderen Berufsarten prägen. So beauftragte derselbe seinen Oberhofmarschall und Spitalpräsidenten Joh. Franz Schenk Freiherrn von Stauffenberg, der Margaretha Endres, Wärterin im hiesigen Krankenhause, wegen ihres besonderen Fleißes und unermüdeten Eifers im Krankenwartdienste, durch den sie namentlich eine schon aufgegebene Kranke vom Tode gerettet hatte, zum Zeichen seiner höchsten Zufriedenheit und zur Aufmunterung der übrigen Krankenwärterinnen das größere Gepräge dieses Thalers in seinem Namen zuzustellen. (S. Bamb. Int. Bl. 1791, Nr. 9.)

h) **Konventionsthaler mit Brustbild und pro patria von 1794 u. 1795.**

Nr. 25.

Av. Umschrift wie im Av. von Nr. 11, Brustbild 3, darunter R. f.

Rev. Ein dichtgewundener, oben von beiden Seiten her zusammenlaufender und unten durch eine Schleife gebundener Lorbeerkranz, über demselben stehen die Worte: PRO PATRIA, und in demselben:

✿ X ✿
FINE. FEINE
MARK
1794
M M

Nr. 26.

Av. wie Av. von Nr. 25.

Rev. ähnlich dem Rev. von Nr. 25, nur steht hier a) 1795 statt 1794, b) die Inschrift ist etwas größer und fetter, c) der Lorbeerkranz ist etwas dünner, aber die Beeren an demselben treten besser hervor.

i) **Konventionsthaler mit Wappen und pro patria von 1794 u. 1795.**

Nr. 27.

Av. FRANC. LUD. D. G. EP. BAMB. ET WIRC. S. R. I. PR. FR. OR. DUX (ohne Punkt), Wappen 1, unten im Hermelinmantel in einer Verzierung: W.

Rev. ähnlich Rev. von Nr. 25, doch ist a) der Kranz nicht so dicht, aber die Beeren treten kräftiger hervor, und b) in der Inschrift fehlen die Rösschen vor und nach X.

### Nr. 28.

Av. wie Av. von Nr. 27, nur daß hier nach DUX ein Punkt steht.

Rev. ähnlich Rev. von Nr. 27, nur sind hier a) die Beeren noch kräftiger, b) steht 1795 statt 1794 und c) fehlt der Punkt nach EINE.

Die Geschichte der Thaler (Nr. 25—28) und der Vierundzwanziger (Nr. 56—59) mit der Ueberschrift: PRO PATRIA ist folgende: Am 2. Okt. 1794 faßte das Kapitel des Kollegiatstiftes Haug zu Würzburg den patriotischen Beschluß: alles ihm entbehrliche Kirchensilber zur Erleichterung der Landeskasse bei den schweren Kriegszeiten dem Vaterlande als Opfer in der Art darzubringen, daß a) zwei Drittheile des Werthes demselben als ein bis zum Frieden, oder falls dieser dem allgemeinen Wunsche entsprechend früher wiederkehren sollte, auf fünf Jahre unverzinsliches, dann aber zu 3 Proz. so lange verzinsliches Darlehen verbleiben sollten, bis das Kapital ohne Beschwerde der Landeskasse entweder auf einmal oder theilweise zurückbezahlt werden könnte; und b) daß das letzte Drittheil sogleich in barer Münze dem Stifte zu seinem eigenen Nothbedarf zugestellt würde. Dieser edle Entschluß des Kapitels war aber um so höher anzuschlagen, als es, abgesehen von seinen übrigen Beiträgen und Leistungen zum Besten des Staates, bereits wegen der damaligen Kriegsnoth den zehnten Pfennig von all seinem Einkommen gegeben und Soldaten in seine Häuser aufgenommen hatte, während der Bürger von dieser doppelten Last noch nichts fühlte. Der Fürstbischof, durch eine Kapitelsdeputation hievon in Kenntniß gesetzt, nahm dieses Opfer im Namen des Vaterlandes freudigst an und sprach seinen Dank durch Restript vom 28. Okt. 1794 nochmals in folgender Weise aus: „Eurer Deputation haben Wir bereits mündlich zu erkennen gegeben, wie wohlgefällig Wir das schöne und edle Beispiel, welches ihr von eurer aufgeklärten Denkungsart und eurer Vaterlandsliebe gegeben habt, aufgenommen haben. Wir wiederholen es daher nun schriftlich, daß euer Anerbieten, der Beweis der Aufklärung und Liebe für die Verfassung des Staates, und das wirksame Beispiel, welches ihr gegeben habt, Unsern landesväterlichen Dank und Unsern landesherrlichen Beifall in einem ausgezeichneten Grade verdiene." — Dem patriotischen Beispiele des Stiftes Haug folgten auch die übrigen Stifter und selbst der Fürstbischof, indem sie alles nur immer entbehrliche Silber in die Münzstätte zum Besten des Vaterlandes lieferten, woraus dann die Münzen mit der Aufschrift: PRO PATRIA geprägt wurden. Dr. Franz Oberthür[11]), der selbst Kanonikus des genannten Stiftes war, erzählt mit einem gewissen Hochgefühle von Stolz und Freude diese patriotische That seines Kapitels in seinem „Taschenbuch für die Gesch., Topogr. u. Statistik Frankenlandes besonders dessen Hauptstadt Würzburg für das J. 1796." S. 70—73 und

---

11) Dr. Theol. et U. I. Franz Oberthür, der edle Menschenfreund, ward geb. 6. Aug. 1745 zu Würzburg, Spitalstudent, 23. Dez. 1769 Priester, 1771 Kaplan im Juliusspitale, reist auf Staatskosten nach Rom, wird nach seiner Rückkehr im Juli 1773 Konsistorial- und Vikariatsrath, 6. Nov. desj. Jahres ord. Prof. der Theol., 1774 im Kollegiatstifte Haug präbendirt, 1782 geistl. Rath, gründete 1804 die Gesellschaft zur Vervollkommunung der mech. Künste und Gewerbe mit der unter ihrer Leitung stehenden polytechnischen Schule, wird 1821 der erste Domkapitular der Diözese Würzburg, 26. Jan. 1829 k. geheimer geistl. Rath und † 30. Aug. 1831. Ueber ihn s. meines Freundes Dr. Ant. Rulandii Series et vitae proff. S. Theol., qui Wirceburgi docuerunt. Wirceburgi, ex off. vid. Becker, 1834. p. 167—178. — Annalen der polyt. Schule zu Würzburg. I. Heft von Horn. Würzb. 1830, Stahel, mit Oberthür's gelungenem Portraite. — Der polytechnische Verein zu Würzburg in den ersten 50 J. seines Bestehens. Eine Festg. zur 50jähr. Stiftungsfeier. Nach den Akten von M. F. Chemnitz, Sekr. d. Vereins. Würzb., Thein 1856. 4to. VI. und 120 S. mit XI Beilagen. — Ueber Oberthür's Stiftungen s. Int.-Bl. für den Unter-Main-Kreis 1837, Nr. 19, S. 140 und Königl. bayer. Regier.-Blatt 1837, Nr. 8, S. 143—144.

fügt folgende beherzigenswerthe Worte bei: „Für die Liebhaber und Sammler müssen diese Münzen nun einen viel höheren Werth haben und der gelehrte Numismatiker wird sich freuen, daß er zur Empfehlung seiner Wissenschaft nun auch sagen könne: selbst für die Tugendlehre sei sie wichtig. Und wer immer eine solche Münze fürohin in die Hände nimmt, wird an den großen Grundsatz, worauf das Glück der bürgerlichen Gesellschaft ruht, erinnert: daß jedes einzelnen Menschen Kräfte dem Vaterlande und der gesammten Menschheit zugehören und zum allgemeinen Menschenwohl verwendet werden müssen.

k) **Bamberger Konventionsthaler mit dem Wappen und „Zum Besten des Vaterlands"** von 1795. (Größe: 27.)

Nr. 29.

Av. FRANZ LUDWIG B.(ischof) Z.(u) BAMBERG U.(nd) WÜRZB:(urg) D.(es) H.(eiligen) R.(ömischen) R.(eiches) FÜRST. HERZOG Z.(u) FRANKEN. Wappen 1, nur mit dem Unterschiede, daß der Schild nicht geschweift, sondern fast halboval ist und daß an den beiden Seiten des Schildes ein Laubgewinde herabhängt.

Rev. Innerhalb eines Laubgewindes, welches oben mit einer größeren und unten mit einer kleineren Schleife gebunden, oben in der Mitte befestigt und rechts und links an je einer Rosette aufgehängt ist, befinden sich die Worte:

ZUM BESTEN
DES
VATERLANDS.

Oben zwischen der Schleife und dem Laubgewinde steht: BAM — BERG und unten außerhalb des Laubgewindes:
17 ———————— 95
ZEHN EINE FEINE
MARK.

Nr. 30.

Av. wie Av. von Nr. 29.

Rev. ähnlich dem Rev. von Nr. 29, nur läuft das Band der oberen Schleife nicht wie bei Nr. 29, über die

Anfangs= und Endbuchstaben des Wortes BAM—BERG hinaus, sondern reicht nicht einmal bis zu denselben, und dann sind die beiden Rosetten hier kleiner als bei Nr. 29.

Der Patriotismus, welchen das Stift Haug zu Würzburg durch seinen Beschluß vom 20. Okt. 1794 an den Tag gelegt hatte, machte auf Franz Ludwig's Fürstenherz, das aus Liebe zu seinem Volke stets mächtig schlug und bei den Leiden desselben blutete, einen tiefen Eindruck. Weil nun die Fortsetzung des Krieges, die Vermehrung der Wehrkräfte des Landes auf das Fünffache einen ungeheueren Kostenaufwand erforderten, so eröffnete der für das Wohl seiner Unterthanen unermüdet thätige Fürstbischof unterm 14. Dezbr. 1794 von Würzburg aus der Hofkammer in Bamberg seinen Entschluß, daß zur Erleichterung der Obereinnahme das Hofsilber in die Münze abgegeben werden solle, jedoch mit folgenden Ausnahmen:

1) solle ein Service für 24 Personen und die zur anständigen Beleuchtung erforderlichen Leuchter zurückbehalten werden, ingleichen

2) alles Kirchensilber, theils weil an solchem in Bamberg kein überflüßiger Vorrath sei, theils weil er zur Zeit vom Kirchensilber überhaupt noch keinen Gebrauch zu machen gedenke, endlich

3) nehme er alles Gold und alle vergoldeten Silberstücke hievon ausdrücklich aus.

Für das sich herauswerfende Kapital verlangte aber der edle Fürst keine Obligation von der fürstlichen Obereinnahme, sondern machte damit seinem Lande ein Geschenk und wünschte nur, daß seine getreuen Unterthanen dieses als einen neuen Beweis seiner landesväterlichen Liebe und Neigung, sie wo immer möglich zu schonen, ansehen mögen.

Der inventarmäßige Betrag des Silbers, welches zu diesem Zwecke in die Münze gegeben wurde, belief sich auf 2,554 Mark, 12 Lth. 2¾ Quint. Wird die Mark Silber zu 24 fl. rhn. gerechnet, so ergibt sich die Summe von 49,315 fl. 1¼ kr. rhn.; schlägt man aber die Mark als Bruchsilber nur zu 20 fl. rhn. an, so beläuft sich der Werth dieses Geschenkes noch immer auf die für ein so kleines Gebiet bedeutende Summe von 41,095 fl. 51$\frac{9}{18}$ kr.

In der danksagenden Rückantwort an den Fürsten freut sich die Hofkammer bei dieser Gelegenheit das Organ seines treuen und bis zu Thränen des Dankes gerührten Volkes zu sein und schließt mit den prophetischen Worten: „Doch für edle Handlungen der Art hat keine Sprache die angemessenen Lobsprüche. Ewig werden sie aber glänzen Thaten dieser Art in den Jahrbüchern der Menschheit, ewig wird Franz Ludwig in den Herzen seiner Unterthanen und der Nachwelt leben, heilig wird sein Andenken bleiben, weil er der Beste der Fürsten nur ein Glück für sich kannte, das Glück seines Volkes; — eben darum aber auch das erste Regenten-Kleinod in der ersten Vollkommenheit besitzt, — die stärkste Herzensanhänglichkeit und aufrichtigste Liebe seiner Unterthanen." In welcher fränkisch-bayerischen Brust finden diese Worte nicht gerade jetzt doppelt innigen Wiederhall, wo die Thränen um einen guten, nur seinem Volke lebenden König noch nicht getrocknet sind?

Leider sollte Franz Ludwig die Ausgabe dieser Thaler, mit deren Prägung die Münzstätte zu Nürnberg beauftragt war, nicht mehr erleben. Denn da dieser erleuchtete Fürstbischof schon am 14. Febr. 1795 seiner irdischen Laufbahn entrückt wurde, und die beiden Domkapitel von Bamberg und Würzburg, von denen jenes die neue Fürstenwahl auf den 7. April 1795, dieses aber auf den 12. des folg. Mts. anberaumt hatte, die üblichen Sedisvakanz- oder Interregnungsmedaillen gleichfalls in der genannten Münzstätte prägen ließen, und da endlich auch die Stadt Bamberg die Prägung der Huldigungsmedaille auf den neuen Fürstbischof Christoph Franz von Buseck eben dieser Münzstätte übertragen hatte, die drei letztgenannten Arbeiten aber keinen Aufschub gestatteten, so verzögerte sich die Ablieferung der Franz Ludwig'schen Thaler „Zum Besten des Vaterlands" bis zum Juli 1795.

Daß Bamberg die Wohlthat des unvergesslichen Fürsten zu schätzen wußte, zeigt sich aus der Pietät, mit der diese Thaler häufig als Schatzgeld aufbewahrt und zu Andenken verwendet werden und daß man sie daher auch oft noch stempelblühtig findet.

2) **Zwanziger** (nach dem fränkischen) oder **Vierundzwanziger** (nach dem rheinischen Fuße).

a) **Zwanziger mit Brustbild und geschweiftem Wappen von 1780, 1783 u. 1784.**

Nr. 31.
Av. FRANC. LUD. D. G. EP. BAM. ET WIR. S. R, I. P. F. O. DVX. Brustbild 1, darunter R. f.
Rev. 60. EINE FEINE — MARCK. 1780. — Wappen 1, unter demselben in einfacher Einfassung die Werthzahl: 20 (d. i. 20 kr. frk. oder 24 kr. rhn.) und zu beiden Seiten: M. — P.

Nr. 32.
Av. und Rev. wie Av. und Rev. von Nr. 31, nur daß hier die Jahrzahl 1783 steht.

Nr. 33.
Av. Umschrift wie Nr. 31, aber Brustbild 3, darunter R. f.
Rev. wie Rev. von Nr. 31, nur daß hier die Jahrzahl 1784 steht.

Nr. 34.
Av. Umschrift wie Nr. 31; Brustbild 3, darunter G. — Vom Auge aufwärts ein Stempelriß oder sonst ein Prägefehler.
Rev. wie Rev. von Nr. 33.
Von Nr. 34 soll es noch eine in der Stellung des G. unter dem Brustbilde zu erkennende Parietät geben.

Nr. 35.
Av. Umschrift wie Nr. 31, Brustbild 3, darunter Œ.
Rev. wie Rev. von Nr. 33.

b) **Zwanziger vom Jahre 1791 mit Brustbild und ovalem Wappen.**
Nr. 36.
Av. FRANC. LUD. D. G. EP. BAM. ET WIR. S. R. I. P. F. O. DUX. — Brustbild 3, ohne Namen des Graveurs.
Rev. 60. EINE FEINE—MARCK. 1791. — Wappen 3a.

Nr. 37.
Av. Umschrift wie im Av. von Nr. 36; Brustbild 3 darunter R. f.
Rev. Umschrift wie im Rev. von Nr. 36; Wappen 3c.; der Querbalken des Kreuzes steht hart an E und M.

Nr. 38.
Av. Umschrift wie im Av. von Nr. 36; Brustbild 3, darunter R. f.
Rev. Umschrift wie im Rev. von Nr. 36; Wappen 3c. der Querbalken des Kreuzes steht unter E und M.

Nr. 39.
Av. Umschrift wie bei Nr. 36; Brustbild 3, darunter G.
Rev. Umschrift wie im Rev. von Nr. 36; Wappen 3.a.; die Buchstaben E und M stehen nahe am Kreuze, so daß das Schwert zwischen E und I steht.

Nr. 40.
Av. Umschrift wie im Av. von Nr. 36; Brustbild 3, darunter G.
Rev. Umschrift wie im Rev. Nr. 36; Wappen 3b., die Buchstaben E und M stehen weiter vom Kreuze entfernt, als in Nr. 39, so daß der Griff des Schwertes zwischen I und N steht.

Nr. 41.
Av. Umschrift wie im Av. von Nr. 36; Brustbild 5, darunter G.
Rev. Umschrift wie im Rev. Nr. 36; Wappen 3.a, die Buchstaben E und M stehen nahe am Kreuze, der Griff des Schwertes zwischen E und I.

**Nr. 42.**
Av. Umschrift wie bei Nr. 36; Brustbild 5, darunter G.
Rev. Umschrift wie im Rev. Nr. 36; Wappen 3b.
Die Buchstaben E und M stehen weiter vom Kreuze entfernt, der Griff des Schwertes zwischen I und N.

**Nr. 43.**
Av. Umschrift wie bei Nr. 36; Brustbild 5, darunter G.
Rev. Umschrift wie im Rev. Nr. 36; Wappen 3c.

**Nr. 44.**
Av. Umschrift wie bei Nr. 36, nur daß hier & statt ET steht. Brustbild 5, darunter G.
Rev. Umschrift wie im Rev. Nr. 36; Wappen 3c.

**Nr. 45.**
Av. Umschrift wie bei Nr. 36; Brustbild 5, darunter G. f.
Rev. Umschrift wie im Rev. Nr. 36; Wappen 3c.

c) Zwanziger mit Brustbild und hl. Kilian von 1785, 1786, 1787 u. 1790.

**Nr. 46.**
Av. FRANC. LUD. D. G. EP. BAM. ET WIR. S. R. I. P. F. O. DUX. — Brustbild 3, darunter R. f. so, daß der untere spitzig zulaufende Theil des vorderen Ausschlages des Hermelinmantels zwischen R u. f steht.
Rev. S. KILIANUS FRAN—CORUM APOSTOLUS. — Der hl. Kilian in bischöflichem Ornate, das Haupt umstrahlt, in der R. den Bischofsstab, in der L. das Schwert haltend, steht auf einem Postumente, welches die Werthzahl 20 umschließt und rechts mit einem Lorbeer- und links mit einem Palmzweige verziert ist. Zu beiden Seiten des Postuments stehen: 17—85
M. — P.
und unten im Abschnitte: LX. E.(ine) FEINE|MARCK.

**Nr. 47.**
Av. wie Av. von Nr. 46; nur steht hier das R. von R. f. unmittelbar unter dem unteren spitzig zulaufenden Theile

des vorderen Ausschlages des Hermelinmantels und auch das X im Worte DUX reicht hier nicht so nahe an den Talar wie bei Nr. 46.

Rev. wie Rev. von Nr. 46.

### Nr. 48.

Av. u. Rev. sehr ähnlich Nr. 47. Nur stehen die Buchstaben R. f. unter dem Brustbilde von dem bei Nr. 46 u. 47 näher bezeichneten Ausschlage des Hermelinmantels etwas weiter links und etwas tiefer als bei Nr. 47.

### Nr. 49.

Av. wie Av. von Nr. 47.

Rev. wie Rev. von Nr. 46, nur steht hier die Jahrzahl 17—86.

### Nr. 50.

Av. u. Rev. wie Nr. 49, nur steht hier die Jahrzahl 17—87.

### Nr. 51.

Av. u. Rev. wie bei Nr. 50, nur steht a) R. f. in Nr. 50 härter an dem oben bezeichneten Ausschlage des Hermelinmantels als hier, b) das R. von R. f. ist dort größer als hier und c) der Querbalten des auf der Brust hängenden Kreuzes hat dort drei viereckige Steinchen, hier zwei eckige und links von diesen ein rundes Steinchen.

### Nr. 52.

Av. Umschrift wie Nr. 47; Brustbild 3, doch ziemlich verschieden von den ähnlichen, und darunter G.

Rev. wie Rev. von Nr. 50.

### Nr. 53.

Av. ähnlich wie Av. Nr. 50, 51, 52, nur steht hier unter dem Brustbilde 3 ein Œ.

### Nr. 54.

Av. Umschrift wie im Av. von Nr. 46, Brustbild 3 mit R. f., ähnlich Nr. 51.

Rev. wie Rev. von Nr. 46, nur daß hier die Jahrzahl 1790 steht.

Nr. 55.
Av. ähnlich wie Av. von Nr. 52.
Rev. wie Rev. von Nr. 54.

d) **Bwanziger mit dem Wappen und pro patria vom Jahre 1795.**

Nr. 56.
Av. FRANC. LUD. D. G. EP. BAM. ET WIR. S. R. I. P. F. O. DUX. — Wappen 1, unten im Hermelinmantel in einer Einfassung W.

Rev. Ein oben zusammenlaufender und unten mit einer Schleife gebundener Lorbeerkranz mit Beeren; über demselben stehen die Worte: PRO PATRIA und in demselben:

LX
EINE FEINE
MARK
1795
M   M
20

Nr. 57.
Av. ähnlich dem Av. von Nr. 56 nur steht in der Umschrift: BAM & statt BAM. ET und nach DUX fehlt der Punkt und das Wappen ist kleiner als bei 56.

Rev. Ein oben offener Lorbeerkranz, über demselben: PRO PATRIA, in demselben:

✱ LX ✱
EINE FEINE
MARK
1795
M   M

und unter demselben die Werthzahl 20.

Nr. 58.
Av. wie Av. von Nr. 57.
Rev. ebenfalls wie Rev. von Nr. 57, nur ist der Kranz dickblätteriger, die Schleife kleiner.

Nr. 59.
Av. wie Av. von Nr. 57 mit kleinerem Wappen.

Rev. ähnlich Rev. von Nr. 58, nur mit größerer Schrift und mit minder zierlichem Kranze.

**3) Schillinger von 1794 und 1795.**

Von den Schillingern gelten 28 einen fränkischen Gulden oder 1 fl. 12 kr. rhn.

### Nr. 60.

Av. Umschrift oben links beginnend: FRANC. LUD. D. G. EP. BAM. & WIR. S. R. I. P. F. O. D. Wappen 4.

Rev. Umschrift oben links beginnend: SANCTUS—KILIANUS. Der hl. Kilian, am Haupte umstrahlt, steht vor sich hinsehend im bischöflichen Ornate, hält das Schwert, von der Brust aus auswärts gekehrt in der R., und den Stab, von links oben nach rechts unten gerichtet, in der L.; zu beiden Seiten 17—94. Die Zahl 94 steht zwischen C und T im Worte SANCTUS.

### Nr. 61.

Av. wie Av. von Nr. 60.

Rev. ähnlich dem Rev. von Nr. 60, nur steht einmal der untere Theil des Stabes nicht so nahe an K vom Worte KILIANUS wie bei Nr. 60, und dann steht die Zahl 94 vor T im Worte SANCTUS.

### Nr. 62.

Av. Umschrift wie im Av. von Nr. 60, nur beginnt sie unten rechts, und dann steht hier LVD. statt LUD.

Rev. ähnlich Rev. von Nr. 60, nur steht die Zahl 94 hier vor T im Worte SANCTUS.

### Nr. 63.

Av. wie Av. von Nr. 60.

Rev. ähnlich dem Rev. von Nr. 60, allein hier ist die R. des hl. Kilian ausgestreckt und das Schwert dem Haupte zugekehrt; dann steht der Stab nicht schief, sondern gerade und zu beiden Seiten befindet sich die Zahl 17—95.

### Nr. 64.

Av. wie Av. von Nr. 60.

Rev. ähnlich Rev. von Nr. 63, nur beginnt das Wort

KILIANUS weiter unten, weßhalb die Endsilbe US weiter vom Haupte des hl. Kilian entfernt ist als bei Nr. 63.

### Nr. 65.

Av. Die Umschrift beginnt unten rechts, sonst ist der Avers ähnlich dem von Nr. 60.

Rev. ähnlich Rev. von Nr. 63.

### Nr. 66.

Av. ähnlich dem von Nr. 62.

Rev. ähnlich dem von Nr. 63.

### Nr. 67.

Av. wie Av. von Nr. 65.

Rev. wie Rev. von Nr. 65, nur steht 95 vor T im Worte SANCTUS statt zwischen T und U.

## 4) Bamberger Kreuzer vom Jahre 1786.

### Nr. 68.

Av. In einem gerippten Zirkel der Bamberger Löwe (s. Wappen 1) jedoch ohne Schild, d. h. der Schild ist glatt, statt daß er mit Punkten versehen oder als golden bezeichnet ist.

Rev. Ein gerippter und ein kleinerer korbelartig gewundener Kreis umschließen die Umschrift: NACH DEM KRAIS= SCHLUSS †. In Mitte des letzteren Kreises befindet sich die Inschrift:

1
K R.
1786
R.

so daß die Ziffer 1 ziemlich genau unter dem † der Umschrift steht, und der Buchstabe R unter der Jahrzahl mehr dem 7 als dem 8 zugekehrt ist.

### Nr. 69.

Av. wie Av. von Nr. 68.

Rev. ähnlich dem Rev. von Nr. 68, nur stehen das † der Umschrift und das 1 der Inschrift nicht unter einander, sondern † steht mehr rechts und 1 mehr links; dann nimmt der Buchstabe R unter der Jahrzahl die Mitte von 7 und 8 ein

## 5) Würzburger Dreier vom Jahre 1794.
### Nr. 70.

Av. In einem gerippten Kreise befinden sich unter dem Herzogshute zwei aneinandergelehnte, heraldisch schraffirte Schildchen, die nach der inneren Seite zu rund und an der äußeren Seite etwas geschweift und verziert sind. Das Schildchen rechts enthält die Spitzen, das links die von der Linken gegen die Rechte zu schräg gelegte und aufwärts gerichtete Fahne. Unten in der Mitte der beiden Schildchen ist eine Verzierung angebracht und zu beiden Seiten dieser die Jahrzahl 17—94.

Rev. In einem gleichfalls gerippten Zirkel steht ein auf die Spitze gestelltes Quadrat so, daß dessen vier Ecken den Kreis berühren. Die dadurch gebildeten vier Segmente sind mit Verzierungen ausgefüllt, und das Quadrat, welches aus zwei auf einander gelegten Parallelquadraten, einem äußeren starken und einem inneren feinen besteht, enthält den Reichsapfel, dessen untere Hälfte mit der Werthzahl 84 ausgefüllt ist.

Die Zahl der Varietäten dieses Dreiers läßt sich wohl kaum mit Bestimmtheit angeben. Als Unterscheidungsmerkmale können die Formen der Schildchen und deren Verzierungen gelten, ferner die Richtung des Fähnchens. Verlängert man nämlich in Gedanken die Fahnenstange, dann fällt diese bald auf die Mitte der unteren Verzierung, bald zwischen diese und die Ziffer 9, bald streift sie die vordere Seite der Ziffer 9 selbst. Aber auch in dem Revers zeigen sich Verschiedenheiten und zwar theils an den Verzierungen in den Segmenten, theils am Kreuze auf dem Reichsapfel, theils an der bald mehr, bald weniger gebogenen Theilungslinie im Reichsapfel, theils in der Werthzahl 84.

Dreier heißt dieses Münzchen, weil je drei einen Schillinger gelten, und die Zahl 84 in dem Reichsapfel sagt, daß deren 84 einen fränkischen Gulden oder 1 fl. 12 kr. rhn. ausmachen.

## C. Kursmünzen in Kupfer.

### 1) Bamberger Heller von den Jahren 1780 und 1786.

**Nr. 71.**

Av. wie Av. von Nr. 68.

Rev. In einem gerippten Kreise die Inschrift:

I
HELLER
1780

Unter der Jahrzahl eine Verzierung.

**Nr. 72.**

Av. In zwei einander nahe stehenden Kreisen, einem gerippten und einem glatten der bamberger Löwe wie Nr. 68.

Rev. Innerhalb derselben zwei Kreise wie im Av. von Nr. 72 die Inschrift u. Verzierung wie im Rev. v. Nr. 71. Von Nr. 72 glaube ich drei Varietäten zu bemerken, die sich in der Verzierung und in der Stellung dieser zu der Jahrzahl unterscheiden.

**Nr. 73.**

Av. wie Av. von Nr. 72.

Rev. wie Rev. von Nr. 71, nur daß hier die Jahrzahl 1786 steht. Die Verzierung reicht um ein Geringes über 1 und den untern Theil von 6 hinaus.

**Nr. 74.**

Av. wie Av. von Nr. 72.

Rev. wie Rev. von Nr. 73, nur steht das Ende der Verzierung rechts genau unter dem äußersten Punkte rechts von der Ziffer 1.

**Nr. 75.**

Av. wie Av. von Nr. 72.

Rev. wie Rev. von Nr. 73, nur reicht das Ende der Verzierung rechts nicht bis zu dem äußersten Punkte rechts von der Ziffer 1. und die beiden in der Mitte der Verzierung über einander liegenden Punkte stehen nicht genau zwischen den Ziffern 7 und 8 der Jahrzahl, sondern näher an 8 als an 7

Nr. 76.

Av. wie Av. von Nr. 72.

Rev. wie Rev. von Nr. 75, nur daß vor dem oberen 1 ein kleines Sternchen steht.

2) **Würzburger halbe Pfennige ohne Jahrzahl.**

Nr. 77.

Av. Unter dem Herzogshute die beiden schraffirten Wappenschildchen, wie im Av. von Nr. 70, nur daß hier die Fahne von rechts nach links gekehrt ist wie im Wappen 1.

Rev. $\cdot\ \frac{1}{2}\ \cdot$

PFEN
NING

darunter eine Verzierung, die rechts über N hinausreicht und links ziemlich genau unter G steht.

Nr. 78.

Av. wie Av. von Nr. 77.

Rev. ähnlich Rev. von Nr. 77, nur sind hier die Blümchen rechts und links von $\frac{1}{2}$ etwas kleiner, die Schrift ist minder fett und die untere Verzierung reicht nur bis in die Mitte der beiden Buchstaben N und G.

Nr. 79.

Av. wie Av. von Nr. 77.

Rev. ähnlich wie Rev. Nr. 78, nur stehen hier die Blümchen unter der Bruchlinie von $\frac{1}{2}$, während sie bei 77 u. 78 in die Linie hineinreichen.

## D. Medaillen.

**Zweite Jubelfeier der Universität Würzburg vom 29. Juli bis 8. August 1782.**

Das erste Jubiläum der Universität Würzburg feierte Peter Philipp von Dernbach, Fürstbischof von Bamberg und Würzburg (B. 1672 — W. 1675 † 1683) in dankbarer Erinnerung an den Stifter und in einer der Wissenschaft würdigen Weise. Auch ließ er zum Andenken an diese Jubelfeier zwei Gedächtnißmünzen von gleichem Gepräge aber ungleicher Größe schlagen, die größere im Gewichte von 6—9 Loth, die kleinere von 3 Loth. Die Vorderseite enthält das Brustbild des Fürsten, die Rückseite zwischen zwei Parallelkreisen das Chronograph ABIT ANNVs CENTESIMVS FVNDATAE VNIVERSITATIS HERBIPOLENSIS. Den inneren Raum füllt eine aus den Wolken hervorlangende Hand, welche zwei an Schnüren befestigte und von Palm- und Lorbeer- zweigen umgebene Wappenschilde, den von echter'schen und den von bernbach'schen hält, von denen jener drei Ringe und dieser drei Herzen zeigt. Darüber stehen die hierauf bezüglichen Worte: SVB BINA TRIADE GLORIOSIOR.

Mit welch' sittlich-religiösem und wissenschaftlichem Ernste, dann aber auch mit welchem Aufwande und welcher Pracht der im Staatshaushalte sonst so sparsame und nichts weniger als prunksüchtige Fürstbischof Franz Ludwig diese Feier beging, sehen wir theils aus dem Festprogramme: Conspectus actuum solemnium, quos Academia Julia Wirceburgi anno altero suo seculari MDCCLXXXII. jubente ac favente Reverendissimo ac Celsissimo S. R. I. Principe ac. Domino Domino Francisco Ludovico D. G. Episcopo Bambergensi et Wirceburgensi Franconiae orientalis Duce, etc. etc. Rectore Academiae magnificentissimo instauratoris Julii Abnepote gloriosissimo, intra undecim dies festos habebit. 2 Bogen in 4to. Am Schlusse: TypIs ErnestI NItrIbIt, typographI IVbILantIs aCaDeMIae IVLIae gratIose prIVILegIatI. — theils aus Bönicke's Geschichte der Universität Würzburg. II. Th. 1788. S. 278—309. Der gefeierte Fürst begrüßte von inniger Freude bewegt dieses Fest als willkommene Gelegenheit, einmal theils als Nachfolger des unsterblichen Julius auf dem fürstbischöflichen Stuhle, theils als Abkömmling von dessen Nichte, seine Pietät für seinen großen Vorfahren und Verwandten, den Stifter der Universität an den Tag zu legen, dann der Wissenschaft und ihren Pflegern mit wahrem Wonnegefühle seine Huldigung persönlich darzubringen und endlich offen zu zeigen, daß die Wissenschaft nur durch Religion ihre wahre Weihe empfängt.

Die Gedächtnißmünzen, welche zur Erinnerung an dieses eben so glänzende als geistig erhebende Jubelfest geprägt und theils wirklich vertheilt wurden (Nr. 80 und 81), theils vertheilt werden sollten (Nr. 82 u. 83) sind:

**Nr. 80.**

Av. FRANC. LUDOV. D. G. EP. BAMB. ET WIRC. S. R. I. PR. FR. OR. DUX. Brustbild 3, darunter RIESING F.

Rev. Unter einem mit dem Herzogshute, Schwert und Stabe gezierten Hermelinmantel stehen in einem Kranze die achtzehn Familienwappenschilde der achtzehn würzburger Fürstbischöfe, welche die Universität gestiftet und bis zur Feier des 200jährigen Jubiläums regiert haben. Die Wappen laufen von den beiden ersten unter dem Herzogshute stehenden angefangen immer von der R. zur L. fort und bezeichnen folgende Fürstbischöfe: 1) Johann I. von Egloffstein (1400—1411), — 2) Julius Echter von Mespelbrunn (1573—1617), — 3) Johann Gottfried I. von Aschhausen (1617—1622), — 4) Philipp Adolph von Ehrenberg (1623—1631), — 5) Franz von Hatzfeld (1631—1642), — 6) Johann Philipp I. von Schönborn (1642—1673), — 7) Johann Hartmann von Rosenbach (1673—1675), — 8) Peter Philipp von Dernbach (1675—1683), — 9) Konrad Wilhelm von Wernau (1683—1684), — 10) Johann Gottfried II. von Guttenberg (1684—1698), — 11) Johann Philipp II. von Greiffenklau (1699—1719). — 12) Johann Philipp Franz von Schönborn (1719—1724), — 13) Christoph Franz von Hutten (1724—1729), — 14) Friedrich Karl von Schönborn (1729—1746), — 15) Anselm Franz von Ingelheim (1746—1749), — 16) Karl Philipp von Greiffenklau (1749—1754), — 17) Adam Friedrich von Seinsheim (1755—1779), — und 18) Franz Ludwig von Erthal (1779—1795). — Der Wappenkranz umschließt folgende eilfzeilige Inschrift:

ACADEMIA
WIRCEBURGENSIS
A. IOANNE I. CONDITA
A. IULIO INSTAURATA
A. XV. SUCCESSORIB. AUCTA
SACRUM SÆCULARE II.
IUBENTE IULII
ABNEPOTE ¹²)
IV. KAL. AUGUSTI
MDCCLXXXII
CELEBRAT.

Größe: 37. — Diese Medaille ist a) in Gold zu 20 Dukaten und b) in Silber zu 6, 5 und 4 Loth ausgeprägt worden. Ein Münzliebhaber und Freund dieser Jubelfeier ließ sich diese Medaille in Gold zu 25 Dukaten ausprägen, welche später Abt Nivard Schlimbach von Bildhausen für seine Sammlung erwarb. Diese Sammlung kaufte nach Abt Nivard Schlimbach's Tode der Großherzog Ferdinand von dessen Erben um 6000 fl. und nahm sie mit nach Florenz (S. Archiv des histor. Vereins für Unterfranken

12) **Abnepos.** Dieser Ausdruck hat zu Mißverständnissen Veranlassung gegeben, indem der Fürstbischof Julius öfters ein Oheim Franz Ludwig's genannt wird und selbst der sonst so gut unterrichtete Sprenke ist in seinem „Franz Ludwig.... Würzburg, 1826. Steph. Richter." S. 11—12 hierüber gänzlich im Irrthume. Die Sache verhält sich so: Ein Bruder des Fürstbischofs Julius war der kaiserl. Reichshofrath und würzb. Ober-Amtmann von Kissingen, Walbaschach und Volkach Valentin Echter von Mespelbrunn. Dessen Tochter Gertraud (des Julius Nichte) vermählte sich mit Johann Christoph Freiherrn von Erthal, und wurde dadurch die Ur-Ur-Großmutter Franz Ludwigs, wie sich dieß aus dem folgenden Stammbaum ergiebt:

Joh. Christ. Frhr. v. Erthal M. Gertraud Echterin v. Mespelbrunn.

Julius Gottfried Freiherr von Erthal

Philipp Valentin Freiherr von Erthal

Philipp Christoph Freiherr von Erthal

Franz Ludwig Karl Philipp Anton Freiherr von Erthal.
Sonach war Julius der Ur-Ur-Ur-Großoheim Franz Ludwig's.

Bd. IX, Heft 3, S. 58—66). Ob sie wohl dort inzwischen auch die Bekanntschaft der Ehr' baren Signora Annerion gemacht hat?

### Nr. 81.

Av. Unter dem Herzogshute, zu dessen Seiten Schwert und Stab sich kreuzen, stehen drei ins Dreieck gestellte Wappenschilde a) oben der eglofssteinische, b) unten rechts der echter'sche und c) links der erthal'sche, über welche je ein Band hinläuft mit den Ueberschriften: a) IOANNES. I., b) IULIUS., c) FRANC. LUDOV. Als Einfassung dienen rechts ein Lorbeer- und links ein Palmzweig, die unten durch ein Band zusammengebunden sind.

Rev. Dieselbe eilfzeilige Inschrift wie auf Rev. von Nr. 80. Unter derselben liegen ein Lorbeer- und ein Palmzweig. Größe: 24. — Diese Medaille ist a) in Gold zu 6 Dukaten und b) in Silber zu 2 und 1 Loth ausgeprägt.

Die Medaillen Nr. 80 und Nr. 81 wurden unter dem Domkapitel und Adel, unter den fremden Gelehrten[13]) und dem Universitätspersonale nach Verhältniß des Standes und Ranges vertheilt. Auch die jungen Gelehrten, welche sich im Laufe dieser Festlichkeiten einen akademischen Grad errungen, so wie die Gymnasiasten, welche sich hier einer öffentlichen Prüfung unterzogen hatten, wurden von dem hocherfreuten Fürsten unter belobenden und ermunternden Worten mit silbernen Gedenkmünzen eigenhändig beschenkt. Den Aeltesten jener Familien, welche seit Gründung der Universität dem Vaterlande einen Fürstbischof gegeben hatten, schickte der hochherzige Franz Ludwig goldene Medaillen zu als Zeichen der Achtung und Dankbarkeit gegen die Verewigten. Fünf

---

13) Als Deputirte der Universität Bamberg waren bei dieser Gelegenheit in Würzburg anwesend: a) Dr. Nikolaus Dietz, Prof. der Theol. und Direktor des Universitätshauses, b) Dr. Joseph Ullheimer, Prof. der Jurisprudenz und c) Dr. Ignaz Joseph Döllinger, Prof. der Medicin, Vater des berühmten Physiologen und Anatomen Dr. Ignaz Döllinger † 14. Jan. 1841 zu München und Großvater des berühmten Theologen Johann Jos. Ignaz Döllinger in München, geb. 28. Febr. 1799 zu Bamberg.

dieser eblen Geschlechter waren bereits erloschen, die Echter von Mespelbrunn, die Aschhausen, die Dernbache, die Wernau, aber den Letzten der Ehrenberge hatte der furchtbarste Unglücksschlag getroffen, sein Haupt war ein Opfer unseligen Wahnes unter dem Schwerte des Henkers gefallen.

### Nr. 82.

Av. wie Av. von Nr. 81, nur im verkleinerten Maßstabe.

Rev. Die Inschrift wie im Rev. Nr. 81, nur daß a) die dortigen 2 Zeilen IUBENTE IULII | ABNEPOTE hier eine Zeile bilden, daß b) AUGUSTI hier in AUG. abgekürzt ist, endlich c) fehlt hier die Verzierung am Schlusse der Inschrift. — Größe: 16. — Silber, Gewicht, knapp ¼ Loth. — Hievon gibt es auch einen Goldabschlag als Doppel-Dukaten.

### Nr. 83.

Av. wie Av. von Nr. 82, nur daß die Bänder mit den Namen auf den drei Wappenschildchen fehlen.

Rev. Die siebenzeilige Inschrift:

ACADEMIA
WIRCEBURGENSIS
SACRUM SÆCULARE
II.
IV. KAL: AUG:
MDCCLXXXII.
CELEBRAT.

darunter eine kleine Verzierung. Dieses Medaillchen ist nicht wie das vorhergehende im Ring geprägt, sondern hat einen gerippten Rand. — Größe: 14. — Silber, Gewicht: knapp ¼ Loth. — Ist auch in Gold als Dukate vorhanden.

Franz Ludwig beabsichtigte anfangs auch, jedem Universitätsstudenten, so wie jedem Gymnasiasten eine kleine Silbermedaille als Andenken an das II. Universitätsjubiläum zu geben und ließ zu diesem Zwecke die Stempel von Nr. 82 und 83 schneiden. Als ihm die ersten Abschläge mit der Kostenberechnung überreicht wurden, fand er denn doch die Summe zu hoch, behielt die Abschläge zurück und befahl von der weiteren Prägung abzustehen. Die ursprüglichen Abschläge von den beiden genannten Stempeln sind daher wahre Seltenheiten. Dagegen ließ die Universität Würzburg, welche im Besitze der fraglichen Stempel ist, in den dreißiger Jahren von denselben mehrere Abschläge in Silber und Bronze machen, um Münzliebhaber und Sammler in den Stand zu setzen, durch diese Medaillen ihre Sammlungen um ein schönes Andenken zu bereichern.

## II.
## Münzen und Medaillen,
### die auf den Fürstbischof Franz Ludwig geprägt worden sind.

**A. Huldigungsgoldgulden der Stadt Würzburg von den Jahren 1779, 1786, 1791 und 1794.**

Die Stadt Würzburg hat seit langer Zeit die Verpflichtung, ihrem jeweiligen Landesherrn jährlich ein Neujahrs-Geschenk von 50 Goldgulden, die sie selbst schlagen läßt, darzubringen. Woher diese Verpflichtung stammt, ist meines Wissens noch nicht ermittelt, wenigstens ist mir auf die hierauf bezügliche Anfrage meines Freundes Dr. J. Keller im Archive des histor. Vereins für Unterfr. u. Aschaff. Bd. IV, Heft 1, S. 168—169 noch keine aufklärende Antwort bekannt geworden. Während der Regierung Franz Ludwig's ließ die Stadt Würzburg zu diesem Zwecke vier Stempel schneiden. Bei diesen, wie bei den früheren und späteren Huldigungsgoldgulden ist es aber auffallend, daß Name und Titel des jedesmaligen Fürsten, der diese Münzen nicht selbst prägen ließ, im Nominativ gegeben sind, während doch der Dativ wegen des folgenden: Senatus populusque Wirceburgensis u. dgl. geboten ist. — Die Zeichnung der vier Goldgulden ist folgende:

### Nr. 84.
Av. FRANC. LUD. D. G. EP. BAM. ET WIR. S. R. I. P. F. O. DUX. Brustbild 2.

Rev. Oben im Halbkreise: EIN GOLD — GULDEN. Unten am Stamme eines Palmbaumes lehnt ein wenig verzierter, geschweifter, blauer Wappenschild mit der weiß und roth quadrirten Fahne. Rechts und links von dem Palmbaum und Wappen stehen die Worte:

ORE ET — CORDE
FIDE — LIS.
S. P. ———— Q. W.

d. h. Senatus populusque Wirceburgensis, und darunter 1779. Aus dieser Jahrzahl geht hervor, daß der Goldgulden dem Fürstbischofe unmittelbar nach seiner Wahl bei der Huldigung der Stadt überreicht und später auch als Neujahrsgabe benützt worden ist.

Nr. 85.

Av. wie der Av. von Nr. 84.

Rev. Umschrift: SENAT: POPULUSQ: — WIRCEBURGENS: Vor einem Palmbaume, von dem nur der Wipfel sichtbar ist, steht unter dem Herzogshute, hinter welchem zwei rechts und links schräg aufsteigende und den Wipfel des Palmbaumes umgebende Fähnchen mit gesenktem Fahnenblatte hervorragen, der geschweifte blaue Schild mit der Fahne, der mit Helm und Laubwerk verziert ist. Zu beiden Seiten des Schildes 17—86 und unten im Abschnitte: EIN GOLD| GULDEN.

Nr. 86.

Av. gleich Av. von Nr. 84.

Rev. wie Rev. von Nr. 85, nur fehlen hier a) nach POPULUSQ und WIRCEBURGENS die Doppelpunkte, b) nach GULDEN der Punkt und c) steht hier die Jahrzahl 17—91 ohne Punkt.

Nr. 87.

Av. wie Av. von Nr. 84.

Rev. wie Rev. von Nr. 86, nur daß hier 17—94 steht.

**B. Huldigungsdukate der Stadt Bamberg vom Jahre 1779.**
Größe etwas über 14.

Huldigungsdukaten ließ die Stadt Bamberg zuerst im Jahre 1746 auf den neugewählten Fürstbischof **Johann Philipp von Frankenstein**, dann bei jeder folgenden neuen Wahl 1753, 1757, 1779, 1795 und endlich auf die Vereinigung Bamberg's mit Bayern im Jahre 1802 prägen. Von den Stempeln der angeführten Huldigungsdukaten wurden auch Silberabschläge gemacht; zur Reihe dieser Huldigungs- oder Denkmünzen gehört die folgende, welche dem neuen Regenten von dem Bürgermeister und Rathe der Stadt Bamberg in 100 Stücken in Gold und in 100 Stücken in Silber (letztere zu je 1 fl. gewerthet) überreicht worden sein sollen.

**Nr. 88.**
Av. FRANZ [!] LUD. D. G. — E. B. & H. S. R. I. P. F. O. D. Brustbild 1, aber wenig ähnlich. Im Abschnitte die dreizeilige Inschrift: PULCRIUS HÆC ANIMIS | IMPRESSA REFULGET IMAGO. Eine kleine aus einem Palm- und einem Lorbeerzweige bestehende Verzierung, unter welcher in der Mitte G steht.

Rev. Vor einer Pyramide sitzt rechtshingewendet die personifizirte Stadt Bamberg, an deren Seite das Bamberger Stadtwappen in einem ovalen Schilde steht, und deutet mit einem Stäbchen, das sie in der R. hält, auf die Jahrzahl an der Pyramide. Die Pyramide selbst ist oben mit einer geflügelten Trompete und mit einem Lorbeerzweige, der sich um die Trompete und die Spitze der Pyramide windet, geziert und trägt folgende fünfzeilige Inschrift: ELECT(us) ' BAM | BERGÆ | D.(ie) 12 APR(ilis) 1779|. — Von dieser Dukate gibt es auch Silberabschläge zu ¼ Loth.

**C. Gratulationsmedaille der Reichstagsgesandten zu Regensburg.**

Im Jahre 1776 wurde der Domherr **Franz Ludwig von Erthal**, der damals kais. wirklicher geheimer Rath, so wie hochf. würzburgischer geheimer Rath und Präsident der weltlichen Regierung in Würzburg war, wegen seiner Verdienste, die er sich als bevollmächtigter Kommissär bei Visitation des kais. Reichskammergerichts zu Wetzlar erworben hatte, zum kaiserl. Konkommissarius bei dem Reichstage zu Regensburg ernannt. In dieser wichtigen Stellung gewann er sich durch seine ausgebreiteten Kenntnisse, sein scharfes Urtheil, seinen praktischen Blick und sein offenes Entgegenkommen die Zuneigung und Verehrung seiner Kollegen. Als er daher am 18. März 1779 einstimmig zum Fürstbischofe von Würzburg und Herzog zu Franken gewählt wurde, bezeigten die Reichstagsgesandten in Regensburg dem Neugewählten ihre Liebe und Verehrung dadurch, daß sie die folgende Medaille auf ihn prägen ließen.

Nr. 89.

A v. FRANC. LVD. PHIL. (ippus) ANT. (onius) L. (iber) B. (aro) AB. ERTHAL. Das nicht ähnliche Brustbild in linkssehendem Profil mit Perruque, Kollar, Talar u. vorhängendem Kreuze. Im Armabschnitte: BUCKLE. [14])

Rev. Die Inschrift: D. G.
EPISCOPVS
WIRCEBVRGENSIS
S. R. I. PRINCEPS
FRANCIAE ORIENTALIS
DVX.
ELECTVS
D. XVIII. MARTII
MDCCLXXIX.

Medaille in Silber. (Größe: 29, Gewicht 3 Loth.

**D. Konsekrationsmedaillen.**

Franz Ludwig war bei seiner Wahl zum Fürstbischofe blos Subdiakon wie die meisten der damaligen Domherrn, von denen nur wenige Priester waren. Er empfing

---

14) **Johann Martin Buckle**, geb. 1742 zu Geißlingen, arbeitete in seiner früheren Zeit zu Augsburg, fand 1778 in Durlach eine Anstellung als Medailleur und Münzmeister, war Lehrer des augsburgischen Künstlers J. Neuß u. † 1811 zu Karlsruhe.

nach zehntägigen Exerzitien von seinem Weihbischofe Daniel Johann Anton Frh. v. Gebsattel die Diakonats- und Presbyteriatsweihen und feierte das erste hl. Meßopfer am 25. Juli 1779 in der Hoftirche zu Würzburg mit einer Rührung und Frömmigkeit, daß die Gluth seines Herzens auch die Anwesenden zur heiligsten Andacht entzündete, aber nicht blos jetzt zog er die Herzen der Anwesenden zu den heiligsten Gefühlen hin, sondern so oft er das hl. Meßopfer verrichtete oder die Hände zum Gebete hob, denn Frömmigkeit, kindliche Hingabe an seinen Schöpfer war ein Grundzug seines Charakters. Die bischöfliche Weihe erhielt er am 19. Sept. desf. Jrs. im Dom zu Bamberg von seinem Bruder,[15]) Friedrich Karl Joseph von Erthal, Erzbischof-Kurfürsten von Mainz, der zu diesem Ende am 16. desj. Mts. hier angekommen und mit der größten Feierlichkeit empfangen worden war. Auch dieser hohe Herr fuhr sogleich am folgenden Tage nach seiner Ankunft in Begleitung seines Bruders zu seiner Schwester im englischen Institute und wiederholte später diesen Besuch. Wie schmerzlich mußte es wohl diese edle Jungfrau berühren, daß sie diesem Freudenfeste, der feierlichen Bischofsweihe, welche ein älterer Bruder von ihr einem jüngeren ertheilte, und zu welcher sich von nah und fern zahlreiche Schaaren drängten, ihrer Augenleiden wegen nicht beiwohnen konnte? Bei der Konsekration assistirten dem Erzbischof-Kurfürsten von Mainz die beiden Weihbischöfe von Würzburg und Bamberg, der schon erwähnte von Gebsattel und Dr. Johann Adam

---

15) Fünfzig Jahre früher im Oktober 1729 wurde dahier im Dom ein ähnliches aber noch selteneres Fest unter den größten Feierlichkeiten begangen. Drei leibliche Brüder, drei Grafen von Schönborn, drei Kirchenfürsten waren hier am Altare vereint. Am 23. Oktober wurde der älteste dieser drei Brüder Friedrich Karl, Fürstbischof von Bamberg und Würzburg, von dem jüngeren Bruder Damian Hugo, Kardinalpriester und Fürstbischof von Speier mit dem Pallium ausgezeichnet; — am 28. Okt. wurde der jüngste derselben Franz Georg, Erzbischof-Kurfürst von Trier von dem ältesten zum Priester geweiht und am 30. Okt. von seinen Brüdern konsekrirt und sodann mit dem erzbischöflichen Pallium bekleidet.

Behr. Am 25. Sept. reisten die beiden fürstlichen Brüder nach Würzburg ab. — Am 3. März 1780 (St. Kunigundenstag) hielt Franz Ludwig sein erstes Pontifikalamt im Dom zu Bamberg.

Auf wessen Veranlassung und von wem die beiden folgenden Medaillen geprägt worden sind, habe ich nicht ermitteln können. Daß aber Avers und Revers viel zu wünschen übrig lassen, gibt der Augenschein.

### Nr. 90.

Av. FRANZ [!] LUD. D. G. E. B. ET H. S. R. I. P. F. O. D. Das vorwärts gegen rechts sehende, aber nicht getroffene Brustbild mit Perruque, Kollar, Spitzenkragen, Talar, Pektorale und dem ringsherumgeschlagenen an einer Agraffe befestigten Hermelinmantel.

Rev. Umschrift: EN DVO PONTIFICES FRATRES VNGENDVS ET VNGENS. Unter einem von Säulen getragenen Bogen, auf dem sich oben das strahlende Auge Gottes befindet, steht ein Altar mit einem hohen Kruzifixe und zwei brennenden Kerzen, von denen die links durch den aufrechtstehenden, konsekrirenden Erzbischof verdeckt ist. Auf dem Antipendium ist der von Strahlen umgebene Namen Jesus — I H S — eingewirkt. Dem Altare zur L. steht der Erzbischof von Mainz im Ornate und legt seine R. auf das Haupt seines Bruders, der an der rechten Seite des Altares vor ihm kniet. Des letzteren Infel steht auf dem Altare. Unten im Abschnitte: DEN 19. SEP. 1779. — Größe: 28.

— Diese Medaille habe ich noch nie anders als in Zinn gegesehen. Sie soll auch in Silber vorhanden sein.

### Nr. 91.

Av. FRANC. LVD. D. G. E. B. ET H. S. R. I. P. F. O. D. Die Schrift ist größer als bei Nr. 90, deßhalb steht hier das letzte D näher an dem Hermelinmantel. Brustbild ähnlich wie vorher, die Gesichtszüge aber sind ganz verschieden ohne auch hier getroffen zu sein; ferner sind Schulter und Brust schmaler als vorher und die Agraffe, von der der Hermelinmantel gehalten wird, steht näher am Pektorale.

Rev. Derselbe Stempel wie der des Revers von Nr. 90. a) Zinn — b) Silber 1¼ Loth.

### E. Begräbniß= oder Sterbmünzen.

Bei dem Tode des Fürstbischofs Julius (1617) wurden in Würzburg die ersten Sterbmünzen ausgegeben und damit bis zum Tode Franz Ludwigs fortgefahren, so daß die ununterbrochene Reihe dieser Gepräge trotz ihres an sich geringen Metallwerthes zu den interessantesten Denkmünzen gehört, wobei auch noch der Umstand beachtenswerth erscheint, daß gerade die beiden größten würzburger Fürstbischöfe, die sich zudem nicht bloß an Geschlecht sondern auch an Geist und Charakter verwandt sind, die Grenzpunkte dieser Serie bilden.

In Bamberg wurden die ersten Begräbnißgroschen bei der Leichenfeier Johann Gottfrieds I. von Aschhausen († 1622), der zugleich auch Fürstbischof von Würzburg war, ausgetheilt. Da nun die beiden Sterbmünzen, die damals in Bamberg und Würzburg zur Vertheilung kamen, sich bloß durch das B und W in dem Reichsapfel auf dem Reverse unterscheiden, sonst aber sich einander vollkommen gleichen, da beide ferner auch sehr selten sind, so liegt die Vermuthung nahe, daß das W auf dem Würzburger Stempel in B umgeändert wurde als eine nicht besonders große Zahl geprägt war, und daß man dann auch nur eine mäßige Zahl für Bamberg prägte. Dieß ist um so wahrscheinlicher, als nach dem Tode des folgenden bamb. Fürstbischofs Johann Georg II. Fuchs von Dornheim († 1633) gar keine Sterbgroschen geschlagen worden sind. Bamberg und Würzburg wurden nun wieder unter einem Regenten, unter Franz von Hatzfeld, vereinigt, und als dieser 1642 starb, begegnen wir auch hier nur einem Begräbnißgroschen und zwar einem würzburger. Dem Andenken der beiden folgenden Fürstbischöfe, Melchior Otto's Voits von Salzburg, des Stifters der Akademie († 1653), und Philipp Valentin's Voits von

Rieneck, des Gründers des Waisenhauses († 1672), widmete Bamberg die ersten selbstständig geprägten Sterbmünzen, aber auf Peter Philipp von Dernbach, der Bamberg und Würzburg wieder gemeinschaftlich regierte, sind blos zwei würzburger Gepräge bekannt. Zum Andenken an Marquard Sebastian von Stauffenberg († 1693) und Franz Lothar von Schönborn, Kurfürst-Erzbischof von Mainz und Fürstbischof von Bamberg († 1729), wurden die Bamberger Begräbnißgroschen wieder fortgesetzt, dagegen prägte auf den Tod Friedrich Karls von Schönborn, Fürstbischofs von Bamberg und Würzburg († 1746), nur Würzburg einen Sterbgroschen. Von den beiden folgenden bamberger Fürstbischöfen Johann Philipp von Frankenstein († 1753) und Franz Konrad von Stadion († 1757) gibt es wieder besondere Sterbmünzen, und auf den Tod der beiden folgenden Fürstbischöfe von Bamberg und Würzburg Adam Friedrich von Seinsheim († 1779) und Franz Ludwig von Erthal haben Bamberg und Würzburg, jedes für sich eigene Sterbmünzen geprägt und zwar die letzten, denn da die Fürstbischöfe Christoph Franz von Buseck von Bamberg († 1805) und Georg Karl von Fechenbach von Würzburg († 1808) nach der Säkularisation starben, so erschienen keine Begräbnißgroschen. (Eine vollständige Beschreibung der „Begräbnißmünzen der Regenten von Würzburg von Dr. G. J. Keller" findet sich im Archive des hist. Vereins v. Würzburg, VI, 2, S. 33—58).

1) **Bamberger Begräbnißmünze** 1795. Größe: 15.

**Nr. 92.**

Av. Unten rechts beginnend: FRANC. LUDOV. D. G. EP. BAMB. & HERB S. R. I. PRIN. F. O. D. Das halb ovale unten etwas spitzig zulaufende, fünffach behelmte, mit Kreuzstab, Schwert und Bischofsstab geschmückte, quadrirte bamberg-würzburgische Wappen mit dem gekrönten v. erthal'schen Herzschilde.

Rev. Die Inschrift:

† 
NATUS
D.(ie) 16. SEPT. 1730 EL(ectus)
IN EPISC.(opatum) HERB.(ipolensem) D(ie) 18
MART: 1779.
ET IN BAMBERG(ensem)
D. 12. APRIL 1779.
DENATUS
D. 14. FEBR. 1795
ÆTAT. 64. AN. 4
MEN. 29 DIER.

Nach dem domkapitel'schen Beschlusse sollte es mit der Prägung der dießmaligen Interregnums- (Sedisvakanz-) Medaillen und Denk- (Sterb-) Münzen wie beim vorigen Interregnum (1779) gehalten und der Hoffammerdirektor mit der Austheilung derselben beauftragt werden. Damals wurden 5250 Sterbmünzen geprägt und 4968 vertheilt, so daß 282 unvertheilt blieben. Dießmal aber wurden nach Ausweis der Vertheilungsliste nur 1265 Stück und zwar am 9. März 1795 vertheilt. Wie viel im Ganzen geprägt worden sind, habe ich nicht ermitteln können. Daß die Anzahl aber auch bedeutend war, läßt sich aus dem häufigen Vorkommen dieser Denkmünze schließen.

2) **Würzburger Sterbmünzen** 1795. Größe: 14.
Nr. 93.

A v. Oben links beginnend: FRANC. LUD. D. G. EP.
BAM. ET WIRCEB. S. R. I. P. F. O. DUX. Wappen 2.
R e v. Die Inschrift: †
NATUS
D 16. SEPT 1730
ELECTUS
IN EPISC. WIRCEB
D 18 MERZ 1779
DENATUS
D 14. FEBR. 1795
ÆTAT 64 AN
4 M 29 D

Der dasige historische Verein besitzt auch einen Kupferabschlag von diesem Stempel.

## Nr. 94.

Av. Umschrift wie Av. Nr. 93 nur steht hier OR. statt O. Wappen 2.

Rev. wie Rev. von 93.

## Nr. 95.

Av. wie Av. von Nr. 94.

Rev. wie Rev. von Nr. 93 und 94, nur daß hier MARZ. statt MERZ steht und nach mehreren Abkürzungen Punkte gesetzt sind, die dort fehlen.

Die Sterbmünzen kommen sehr häufig durchlöchert vor. Dieß hat darin seinen Grund, daß man sie anhängte und bei den Leichenfeierlichkeiten an der Brust trug.

Die beiden folgenden Medaillen habe ich nicht gesehen; ich gebe von ihnen die Notizen, wo und wie ich sie gefunden habe, ohne für die Richtigkeit derselben haften zu wollen.

Jäck in „Bamberg'sche Jahrb. von 741 bis 1832." III. Jahrg. Bamberg, Reindl. 1831. 8vo. sagt S. 515—516:

„25. Aug. 1782 gab der geschworne Münzwardein zu Nürnberg auf das Namensfest Franz Ludwig's eine Schaumünze heraus. Sie stellt ein schönes Thal mit Körner schwangeren Aehren vor, in dessen Mitte Treue und Liebe ihre Herzen auf dem Altare in die Gluth legen."

In der „Fränkischen Chronik von 1807" Nr. XLIII. wird S. 657—658 von dem Münzgraveur Friedrich Karl Ernst Riesing (s. S. 17) erzält: „Bevor er im Jahre 1794 die Erlaubniß bekam, sich als Münzgraveur in Würzburg niederlassen zu dürfen, verfertigte er zu seiner Empfehlung eine mit vielem Fleiße und Akkuratesse gearbeitete Medaille, auf deren einen Seite sich das Portrait des sel. Fürstbischofs Franz Ludwig, auf der andern Seite der hl. Evangelist Lukas mit einer Malerei beschäftigt nebst der Aufschrift: Virtute et ingenio befindet, die mit vielem Beifalle aufgenommen wurde."

# Nachtrag
## zur Abwehr der Verunglimpfungen
## des Fürstbischofs Franz Ludwig
durch den weiland quiesc. königl. Regierungsrath Georg Alois Resch.

Während ich die vorstehende Abhandlung niederschrieb, erfuhr ich, daß der am 22. Aug. 1863 dahier verstorbene q. kgl. Regierungsrath Resch, welcher längere Zeit das hiesige k. Archiv zur Abfassung einer Lokalgeschichte Bambergs benützt hatte, außer einer Reihe chronologisch geordneter Notizen[1]) auch eine in sich abgeschlossene Arbeit unter dem Titel: „Der Königliche [?] Residenzbau und die sieben letzten Fürstbischöfe zu Bamberg. Aus archivalischen Quellen bearbeitet von G. A. Resch, k. q. Regierungs-Rath. 1861." handschriftlich hinterlassen und ein Exemplar dem dasigen k. Archive zur Aufbewahrung übergeben habe, ferner, daß auch noch mehrere Abschriften hievon verbreitet seien. Da ich mich nun selbst mit ähnlichen Forschungen und namentlich mit dem Leben des gefeierten Fürstbischofs Franz Ludwig beschäftige, so suchte ich mir eine der erwähnten Ab-

---

1) Diese Exzerpte oder Notizen aus der bambergischen Geschichte haben folgende Einrichtung: Für jede Notiz sind zwei Zettel auf einem blauen Quartblatte aufgeklebt. Der erste kleinere enthält Jahr, Monat und Tag der treffenden Begebenheit, der zweite die Begebenheit selbst. Bietet eine Begebenheit etwas entweder wirklich oder auch nur scheinbar Tadelnswerthes an dem jeweiligen Fürstbischof — stets episcopus genannt, ohne zu berücksichtigen, ob die Handlung auf Rechnung des Bischofs oder des Fürsten kommt — oder sonst an einem Geistlichen; so ist dem blauen Quartblatte noch ein schwarzer oben hervorragender Zettel angehängt, der auf einem darauf aufgeklebten weißen Blättchen das Vergehen, meist in lateinischer Sprache, enthält. Einige Proben hievon sollen in den Gegenbemerkungen gegeben werden. Tadelnswerthe Handlungen von Personen anderer Stände sind durch solche Warnungsrufe (cave tibi a signatis u. s. w.) nicht gekennzeichnet.

schriften zu verschaffen, in der Hoffnung, hier neue Aufschlüsse zu finden, war aber, als ich eine solche erhalten hatte, nicht wenig über den Inhalt dieser Schrift erstaunt. Denn statt einer nur einigermassen billigen Beurtheilung fand ich nichts als Spötteln, absichtliches Verschweigen des Guten, Entstellung und Verdrehung der Thatsachen, so daß schon der über das Ganze verbreitete Ton den Zweck des Schreibers: den Kranz des Ruhmes, den die Mit- und Nachwelt um die Schläfe dieses seltenen Fürsten gewunden hat, zu entblättern, — offen darlegt. Weil nun dieses Machwerk bei einer öffentlichen Behörde hinterlegt ist, weil mehrere Abschriften davon verbreitet sind und weil dieselben auch schon, und sei es nur zur Befriedigung der Neugierde, ihre Leser gefunden haben und noch finden werden; so dürfte es, um der ersten Pflicht der Geschichtschreibung, der Wahrheit Zeugniß zu geben, zu genügen, das Zweckmäßigste sein, das, was in dem fraglichen Residenzbau über Franz Ludwig aufgezeichnet ist, hier abdrucken zu lassen und mit einigen aufklärenden Bemerkungen zu begleiten, Jenes um die sachkundigen Leser selbst urtheilen zu lassen, Dieses um den weniger Eingeweihten einen Leitfaden zur Beurtheilung an Handen zu geben, zugleich aber auch um einen edlen Charakter gegen weitere Verdächtigungen zu schützen und etwaigen späteren auf dieses Machwerk sich gründenden Verunglimpfungen vorzubeugen. — Herr Resch schreibt:

„Franz Ludwig,"

„Franz Ludwig, Freiherr von Erthal, als Nachfolger Adam Friedrich's gewählt (12. April 1779) und zugleich Fürst-Bischof von Würzburg, scheint den fürstbischöflichen Stuhl mit dem Plane bestiegen zu haben, die ihm anvertraute Bevölkerung mit einem Cilicium *) gegen den Taumel der Sinnlichkeit bewaffnet unter stetem Beten, Fasten und Kasteien geradezu in die Pforten des Himmels einzuführen."

„*) Ein Haargewebe von Bockshaaren; bisweilen bestand dieses Gewebe auch aus stachlichtem Eisendraht."

„Mit diesem Geiste und diesem Bestreben verband er aber auch eine musterhafte Frömmigkeit und eine besondere Herzensgüte, wovon die von ihm für die leidende Menschheit gegründeten Institute und namentlich das 1789 erbaute allgemeine Krankenhaus Zeugen sind. Mit Recht streuen daher ältere und neuere Geschichtschreiber seiner Büste entflammenden Weihrauch und auch wir huldigen seinem Namen mit schuldiger Verehrung."

„Indessen geben sich wie in dem flammenden Tagesgestirne auch in diesem glänzenden Diskus [?!] nach den bamberger Archivalien einige nigra kund, die wir, der Wahrheit stets getreu, nicht mit Stillschweigen übergehen zu dürfen glauben."

„1) Daß der Charakter Franz Ludwigs einen starken Ansatz von persönlichem Stolz hatte und unbeugsam von den Launen des Aristokratismus beherrscht wurde, ergibt sich u. a. aus dem Umstande, daß ihm zufolge Beschlusses vom 6. Oktober 1779 das Wasser zum Reinigen des Mundes nach der Tafel von dem dienstthuenden Kammerherrn dargereicht werden mußte und daß er das Gesuch des Kammerherrn Joseph Freiherrn von X, [2]) sich mit der Tochter der Regierungsadvokatenwittwe Y) verehelichen zu dürfen, nicht nur rundweg abschlug, sondern auch beide nächtlicher Weile in ihren Wohnungen aus dem Bette holen und den X in dem Karmelitenkloster dahier und seine Verlobte in dem Ursulinerkloster zu Kitzingen einsperren ließ, um sie durch geistige Torturqualen [?] zu zwingen, von ihrem Vorhaben sich zu verehelichen abzustehen."

„Lebhaft entrüstet über dieses gewaltthätige und ungerechte Verfahren erhob sofort X bei dem Reichshofrathe Klage gegen den Fürsten und zitternd bestürmte dieser auf die erste hierüber erhaltene Nachricht den bamberger Reichshofraths-

---

[2]) Die Namen für X, Y u. Z sind von Resch genannt. Da aber X und Z noch blühenden, um Bamberg mehrfach verdienten Familien angehören und der Name an der Sache auch nichts ändert, so sind hier und im Verlaufe der Erzählung die obigen Buchstaben dafür gesetzt.

Agenten v. Fichtel in Wien, Alles aufzubieten, daß das Erkenntniß seiner Zeit keinem seiner Landeskollegien, sondern ihm unmittelbar insinuirt werde."

„X erlebte jedoch seinem Gegner gegenüber, den er ungescheut gleich Anfangs in einer unmittelbar an denselben überreichten Eingabe „einen dummen pikottten [sic!] Pfaffen" nannte, das Ende dieses Prozesses nicht. Sichtlich nagte nämlich die ihm und seiner Verlobten widerrechtlich zugefügte Unbill an seiner Gesundheit, und als er endlich seinen nahen und gewissen Tod vor Augen sah, übersendete er, um sein gethanes Eheversprechen zu lösen, dem Fürsten den von ihm erhaltenen und mit einem M.. [?] befleckten Kammerherrnschlüssel zurück und ließ sich sofort auf dem Todtenbette mit seiner Braut priesterlich trauen. Am sechsten Tage nach seiner Verehelichung mit Demoiselle Y war er eine Leiche.*)"

„*) Die Ehe wird bewilligt aber der Frau und den Kindern die Hoffähigkeit versagt, so würde vielleicht der lakonische [?] Spruch des in die Geheimnisse der Freimaurerei und Rosenkreuzerei übergegangenen Siegelringes des Königs Salomo gelautet haben!" [?!]

„2) Nach dem Ruhme geizend, in den Annalen der Geschichte als Selbstherrscher zu glänzen, zog er auch die allergeringsten und unbedeutendsten Gegenstände in seinen Wirkungskreis, wodurch bei seiner ängstlichen Gewissenhaftigkeit die Maschine manchmal in Gefahr stand, ganz stille zu stehen. Manche vermögenslose Wittwe eines nach vorliegenden Zeugnissen hoch [?] verdienten Mannes mußte mit 8 unversorgten Kindern viele und viele Monate lang auf die Anweisung eines kärglichen Gnadengehaltes harren; — und zwei Jahre hindurch unschlüssig über das Kostüm der bei jedem Regierungswechsel einzuführenden neuen Livrée mußte ihm endlich ein Blümchen im Geierswörthgarten „blau und gelb" das „Stiefmütterchen" genannt aus der Verlegenheit reißen und am 28. September 1781 erschien sofort das Hofpersonale in dunkelblauer Kleidung mit gelb sammeten Krägen."

„3) Als geistlicher [?] Bischof machte Franz Ludwig sehr eifrig Propaganda für die katholische Religion und vorzüglich waren es getaufte Anhänger des mosaischen Glaubens, [?] welchen er seine Gunst zuwendete, weßwegen er auch öfters in Maueranschlägen „Rex Judaeorum" genannt wurde. — Die hervorragendste Rolle unter denselben spielte (mit seinen Anhängseln: Marx, Speyer, Hornthal,) Abalbert Friedrich Marcus, der vom Fürsten selbst unter dem Andrange einer großen Menschenmenge am 11. März 1781 in der Hofkapelle getauft und gefirmt worden ist. Die Taufpathen waren der Domprobst Abalbert von Hutten und der Graf Friedrich von Rotenhan, der Firmpathe aber der Obermarschall Freiherr von Stauffenberg. Am 1. Juni 1783 wurde Marcus als Leibarzt ernannt und seitdem galt er, wenigstens in der Meinung des Publikums, als die Lenkung und Seele des vermeinten Selbstherrschers."

„4) Unter dem Episkopate Franz Ludwigs glaubte man mehr noch als unter dem vorigen in der hiesigen Residenz eine Kopie des Hofes Ludwigs XIV. zu erblicken. Abgesehen von den Kosten des neuangeschafften Silber- und Porzellan-Services beliefen sich die Ausgaben des Hofhaushaltes nur allein in den Jahren 1779—1782 auf 111,343 fl. 3 kr. Besonders kostspielig waren insbesondere auch die Tage des Konsekrationsfestes, wo innerhalb 10 Tagen, vom 16—25 Sept. Mittags und Abends am Hofe zusammen 2948 Personen festlich bewirthet wurden."

„5) Nicht zu rechtfertigend erscheint der Erlaß vom 1. Januar 1780, wodurch dem Hofkammerfourier (Vater des Redakteurs der vorliegenden Abhandlung) und dem Hoffourier, zwei mit vielen Kindern gesegneten Familienvätern die Neujahrsgelder für Zustellung der Staatskalender an die zum Hofstabe gehörigen Herrschaften, welche von jeher einen Theil ihres Gehaltes ausmachten, willkürlich entzogen und ohne Entschädigung, im frommen Eifer für den Stand der Armuth zu sorgen, dem Armenhause zugewendet worden sind."

„6) Von dem Wahne umstrickt, als sei die Ehelosigkeit ein besonderes Zeichen der Heiligkeit, machte Franz Ludwig seinen Hofleuten den Zölibat der Geistlichkeit beinahe zur Pflicht, indem er mit unverbrüchlicher Strenge den Heirathsgesuchen entgegenzutreten bemüht war. Wie nachtheilig ein solches System auf die Sittlichkeit einwirkte, hat mit der Zeit eine Reihe von derartigen Vergehen hinreichend bewährt. Endlich wagte es eine anonyme Feder, dieser schwärmerischen Idee den Spiegel vorzuhalten und dringend zu bitten, das den Popen [?!] geltende Gesetz nicht auf die Laien in Anwendung zu bringen, worauf ein fulminanter Befehl dem Obermarschall zur angelegensten Pflicht machte, Alles aufzubieten, den Verfasser dieser Schrift zu erspähen, um gegen ihn mit aller Strenge einschreiten zu können."

„7) Daß der Höchstselige ein Freund von geheimen Angebereien war, geht aus seinem Testamente hervor, indem er darin seinem Beichtvater befiehlt, nach seinem Tode alle seine Schriften sorgfältig zu sichten und diejenigen zu verbrennen, welche den Leumund mancher Menschen zu kränken geeignet sind."

---

„Das Jahr 1794 war für Franz Ludwig ein Jahr von fast immerwährenden körperlichen Leiden. Schon der 1. Januar begann mit einer nicht geringen Unpäßlichkeit, so daß die munteren Klänge der Hoftrompeter und Hofpauker, die sonst immer das neue Jahr begrüßten, gänzlich verstummten."

„Im Schloß-, im Geierswörth- und im Spitalgarten suchte er in Begleitung seiner Aerzte seine verlorene Gesundheit wieder auf. Auf einem grünsammeten Kissen sitzend, das ein Heiduk oder Läufer auf einer Steinbank hinbreitete, nahm er die Referate seines geheimen Referendärs entgegen und zuletzt wurde auch an das Billard appellirt, doch leider Alles vergebens! Zu den physischen Leiden gesellten sich aber auch moralische [?], erzeugt durch den in Frankreich ausgebrochenen und die geistlichen Fürstenthümer bedrohenden Revolutionssturm. Franz Ludwig erließ daher unterm 25. Febr. 1794 einen beinahe einen kleinen Band bildenden Fastenzettel [!] resp. Hirtenbrief, worin er

1) gegen übelverstandenen Freiheitssinn,
2) gegen Ausbreitung anstößiger Grundsätze,
3) gegen um sich greifendes Sittenverderbniß und
4) gegen Verirrung des Geistes und Verlockung desselben bei dem errungenen Triumphe des Lasters,

mit geistlichen Waffen zu Felde zieht."

„Am 26. November 1794 Abends wurde Franz Ludwig zu Würzburg von einem heftigen Katarrhfieber befallen und am 6. Dezbr. ließ er sich die heiligen Sterbsakramente reichen u. nachdem er inzwischen der Hofkammer dahier den Befehl ertheilt hatte, zur Bestreitung der Kriegskosten sämmtliches Hofsilber mit Ausnahme eines Services zu 24 Personen in die Münze abzugeben, (s. S. 62. 4) u. S. 31—33) errichtete er am 20. Dezember sein Testament."

„Mittelst desselben wurden die beiden Armeninstitute zu Bamberg und Würzburg als Erben eingesetzt und zwar jenes zu ⅓, dieses aber zu ⅔. Den beiden Schulfonden zu Bamberg und Würzburg wurde ein Legat von 20,000 fl. in der Art vermacht, daß jenem ⅓, diesem ⅔ zu Theil werden sollen, und schließlich wurde von dem Testator angeordnet, daß für ihn in jeder der beiden Diözesen tausend Seelmessen gelesen und für jede 6 Batzen frk. bezahlt werden sollen".

„Nach schweren Anfällen lebten am 13. Febr. 1795 die Herzen am Krankenbette des hohen Leidenden noch einmal auf; allein es war das letzte Aufblitzen der Lampe, bevor die Flamme der Hoffnung für immer erlischt. Am 14. Febr. Morgens ¾ auf 3 Uhr starb nämlich Franz Ludwig am 81 Tage der Krankheit, an Abzehrung und Brand als Folge eines schleimicht-gallichten Fiebers. (Die sämmtlichen Krankheits-Bulletins vom 26. Novbr. 1794 bis 14 Febr. 1795 hinterliegen in dem k. Archiv-Konservatorium.)"

„Ein eben nicht sehr ästhetischer Leichenstein im Dome zu Würzburg weist auf die Stelle hin, wo seine Asche modert, [?] sein Herz aber, dem unsägliche Herzen für die ihnen zu Theil gewordene Rettung huldigen, thront in der hiesigen Domkirche."

Soweit Hr. Resch über Franz Ludwig, aber gleich der erste Satz und dessen Ton, zusammengehalten mit dem, was unter 6) über Ehelosigkeit gesagt wird, ist darauf berechnet, den mit Franz Ludwigs Denk- und Handlungsweise nicht näher Bekannten irre zu leiten und ihn gegen den großen Fürstbischof einzunehmen. Allerdings ging Franz Ludwig von dem einzig richtigen Grundsatze aus, daß Religion u. Sittlichkeit, beide in unauflöslichem Bunde vereinigt, die Stützen und Grundpfeiler wie der Familien, so auch der Staaten seien, und regelte hiernach seine Regierungshandlungen, ohne sich deßhalb einem blinden Eifer hinzugeben und die Bildung des Verstandes darüber zu vernachlässigen.

Dieser vortreffliche Fürst und Bischof war ja nicht blos aufgeklärt, sondern er liebte wahre Aufklärung und förderte diese auch. Dafür zeugt ebenso der Beiname des Gelehrten, den er sich schon während seiner Studienzeit erwarb, wie seine philosophische [3]), theologische [4]), juridische [5]) und staats-

---

[3] Seine philosophische Bildung beurkundete Franz Ludwig a) als Konkommissarius in Regensburg durch sein Urtheil über die kantische Philosophie, b) als Fürstbischof dadurch, daß er den Prof. Matern Reuß auf seine Kosten nach Königsberg schickte, um Kant zu hören, um in dessen Umgange über etwaige dunkle Partien seines Systemes sich Aufschluß zu verschaffen und dann dasselbe auch an der Universität Würzburg, die hierin allen katholischen Universitäten voran gegangen ist, vorzutragen, und endlich c) durch seine Verordnungen und Rekripte bezüglich des Studiums der Philosophie an der Universität Würzburg, welche mein Freund Herr Oberbibliothekar Dr. A. Ruland gesammelt und aus Pietät dem H. H. Doctor Peter von Richarz, Bischof von Augsburg als Festgabe zur Jubelfeier der vor 50 J. erhaltenen Würde eines Doctors der Philosophie dargebracht hat. Wirzburg. Becker. 1852. 4to.

männische\*) Bildung, dann seine ganze Regierung und während dieser — außer der gewissenhaftesten Beobachtung all' seiner übrigen Regentenpflichten — seine unablässige Sorge a) für die Bildungsstätten des Volkes, die Schulen jeder Art, b) für die Pflege der Wissenschaft und c) in Hinblick auf die Worte Christi bei Matth. V., 13—16 ganz besonders für Heranbildung eines sittlich-religiösen Lehrerstandes und eines tüchtigen Klerus, der eben so durch Wissen wie durch sittenreinen Wandel sich auszeichnete und daher geeignet wäre, nicht nur durch Belehrung, sondern auch und hauptsächlich durch erbauendes Beispiel für das Beste der ihm anvertrauten Heerde zu wirken. (M. vergl. den Hirtenbrief, den er sogleich nach dem Antritte seiner Regierung an die Geistlichkeit seiner beiden Bisthümer richtete.) — Dieß bürgt gewiß dafür, daß er zwischen dem von Gott selbst eingesetzten — und sonach nothwendigen — Stande der Ehe und dem evangelischen Rathe wohl zu unterscheiden wußte und in seinen Rathschlägen und Entscheidungen auch darnach handelte. Wenn er daher, — abgesehen davon, daß man damals Heirathsbewilligungen nicht so leicht wie jetzt ertheilte, — den Heirathsgesuchen mancher seiner Diener entgegentrat, so geschah dieß also nicht „aus dem Wahne, daß Ehelosigkeit ein besonderes Zeichen der Heiligkeit sei," sondern, wenn ihm dabei

---

4) Diese zeigt sich in seinen ebenso klar gedachten, als zu Herzen gehenden Hirtenbriefen, Predigten, (letztere gedr. Bamberg bei Dederich 1797. 8vo. S. 375 und in 2. Aufl. Würzburg, Etlinger, 1841. Vergl. Jäck's Pantheon 4to. S. 254 oben) und in den Prüfungen, die er mit den Klerikalalumnen vor ihrer Priesterweihe und mit den Pfarrern vor dem Antritte ihrer Pfarreien vornahm u. s. w.

5) Seine juridische Tüchtigkeit erprobte er während seiner Reichshoirathspraxis in Wien, bei seiner Visitation des Reichskammergerichts zu Wetzlar, als Regierungspräsident in Würzburg und als Fürst durch viele Entschließungen.

6) Seinen staatsmännischen, scharfen Blick offenbarte er so oft es sich um die allgemeinen Angelegenheiten sowohl seiner Länder als um die des deutschen Vaterlandes überhaupt handelte, besonders im Laufe der französischen Revolution.

auch Concil. Trid. Sess. XXIV, Can. X vorschweben mochte, theils aus Rücksichten auf das Vermögen und den künftigen Nahrungsstand derselben, um nicht in seiner Nähe ein Proletariat aufkommen zu lassen, das ihm manche Verlegenheit bereiten mußte, theils und namentlich bei den adeligen Personen seines Dienstes aus Standesrücksichten, zu deren Aufrechthaltung er als Fürst namentlich an seinem Hofe verpflichtet war. Verdient also wohl der Fall, daß der Fürst — nicht der Bischof — Franz Ludwig einen Kapitain nur unter der Bedingung zum Hofkavalier ernannte, daß er sich reversirte, im Falle seiner Verehelichung ein adeliges Fräulein heirathen zu wollen, (und diesen Revers stellte er auch ohne Bedenken aus,) die schwarze Bezeichnung: „Rigor ferreus Episcopi in puncto matrimonii nobilium", welche Hr. R. der untern 22. Dezbr. 1791 von ihm erzählten Thatsache beischreibt?

Ist es nicht ein Lob für einen Fürsten, wenn er, namentlich bei seinen Bediensteten, auf strenge Sittlichkeit jeder Art sieht, und sonach auch Handlungen, im „Taumel der Sinnlichkeit" verübt, nicht ungeahndet hingehen läßt? Und wie beurtheilt dieß Hr. R.? — In seinen Erzerpten erzählt er, daß Franz Ludwig einem seiner Hofmusiker (die beiden von R. angeführten Namen ändern nichts an der Sache und bleiben daher verschwiegen), der, obgleich verheirathet und Familienvater, sich eines Ehebruchs schuldig machte, auf sechs Wochen in einer Klosterzelle unterbringen ließ, um ihm Zeit zu gönnen, über sein Vergehen nachzudenken, und daß er diesen dann bei seiner Befreiung aus der Klosterhaft mit Entlassung aus fürstlichen Diensten bedrohte, falls er seinen Umgang fortsetzen würde. Und welche Bezeichnung giebt Hr. R. diesem Faktum? — „Castratio ecclesiastica!" — Urtheile selbst, lieber Leser! —

Wohl fügt Hr. R. bei: der Fürstbischof sei musterhaft fromm und herzensgut gewesen, mit dem Beisatze: auch er huldige seinem Namen mit schuldiger Verehrung. Sind denn aber die vom Hrn. R. angeführten Dinge, welche der von ihm

5*

gerühmten Frömmigkeit und Herzensgüte dieses edlen Fürsten gerade zu widersprechen, Zeichen dieser Verehrung? soll vielleicht der allenthalben sich kund gebende hohnlächelnde Ton und die verletzende Sprache diese Verehrung beweisen? sagen denn die seinen Exzerpten über die 16jährige Regierung Franz Ludwigs angeklebten schwarzen Zettel, die es nur mit dem Episcopus oder einem Ecclesiasticus zu thun haben, und unwillkürlich an das: hic niger est, hunc tu Romane caveto! erinnern, nicht gerade das Gegentheil!

Aus purer Wahrheitsliebe enthüllt Hr. R. nun „einige Nigra an diesem glänzenden Diskus" [?!] und sagt: „Der Charakter Franz Ludwigs hatte einen starken Ansatz von persönlichem Stolz" ([1]). Beweis dessen soll sein: „daß er das Wasser zum Reinigen des Mundes sich nach der Tafel von dem dienstthuenden Kammerherrn reichen ließ. „Dieß kommt aber Hrn. R. so ungeheuerlich vor, daß er vor lauter Entrüstung in seinen Exzerpten hiezu auf einen schwarz unterlegten Zettel die gelehrte Bemerkung schreibt: Non pudet vanitatis pius episcopus? ohne zu bedenken, daß Kammerherren nicht im Dienste des Bischofs sondern in dem des Fürsten stehen. — Allerdings ist es wahr, Franz Ludwig hielt als Fürst auf die strengste Hofetiquette, aber nicht aus Stolz, sondern weil er wußte, daß die genaueste Beobachtung derselben ihn gegen manche Zudringlichkeiten schützte und ihm die Freiheit seiner Handlungen sicherte. Könnte man aber dem Manne, der durch alle Stufen der wissenschaftlichen Ausbildung und der ihm von seinem Landesherrn und dem Kaiser übertragenen Ehrenämter sich durch eigene Tüchtigkeit und eigenes Verdienst zu fürstlichen Würden in der Kirche und in dem Staate emporgeschwungen hatte, jeglichen Stolz verargen? Giebt es keinen Unterschied zwischen einem wahren und falschen, einem edlen und gemeinen Stolze? Ist es nicht hoher Ruhm für Franz Ludwig, daß er den Stachel des Stolzes, der ihm nach eigenem Eingeständnisse gar oft belästigte, mit aller Macht der Selbstüberwindung und Selbstverleugnung

ertödtete? Kann man nun in Wahrheit dem Fürsten persön=
lichen Stolz vorwerfen, der in Beziehung auf seine Person sich
alles zeremoniöse Gepränge verbat? der es nicht leicht gestat=
tete, sein Wappen an den von ihm zum Besten seiner Unter=
thanen errichteten Gebäuden anzubringen? 7) der bei Gelegen=
heiten, die ihm gerechte Ursache zum Stolze boten, wie bei der
von ihm veranstalteten Jubelfeier der Universität Würzburg,
in seiner am Schlusse dieser Feier gehaltenen musterhaften und
auch heute noch wohlzubeherzigenden Rede (Bönicke II, S. 298
—306) die ihm gespendeten Lobsprüche von sich abwies und
auf den wahren Grund zurückführte? der Niemand den Zutritt
zu sich versagte? der den Menschen in jedem Stande ehrte?
der den Grundsatz: „ich bin des Volkes wegen da, nicht das
Volk meinetwegen", nicht blos im Munde führte, sondern
darnach handelte? der einer Deputation, die ihm für die wohl=
feilen Brodpreise dankte, erwiderte: Ihr braucht mir nicht zu
danken, ich habe nur meine Schuldigkeit gethan; ich weiß nur
zu gut, daß ich der erste Bürger und Diener des Staates
bin u. s. w.? — Begleiten wir aber auch den Bischof Franz
Ludwig einmal auf seinen Visitationsreisen, sei es in die geseg=
neten Auen seiner Bisthümer oder zu den rauhen Höhen der
Rhöne und den steilen Gebirgen der bamberger Diözese. Ist
es Stolz, wenn wir ihn auf dem Pferde mit dem Manuskripte
seiner Predigten in der Hand erblicken, um sich diese zum
Vortrage bei der nächsten Gemeinde einzuprägen? ist es Stolz,
daß er nur in Pfarrhäusern, und seien diese auch die dürf=
tigsten gewesen, sein Absteigquartier nahm und sich hier alle
Bequemlichkeiten seiner Residenz versagte? ist es Stolz, daß
er sich bei diesen Gelegenheiten allen kirchlichen Funktionen
unterzog, daß er sich selbst an das Krankenlager eines Ster=

---

7) Ich erinnere mich nicht in Würzburg je das fürstbischöfliche Wappen mit dem v. erthal'schen Herzschilde gesehen zu haben; hier
kenne ich es nur an dem Schulbau des englischen Institutes und
an den beiden äußeren Seiten des Bogens der unteren Brücke,
der von dem Rathhause bis zu den Häusern D. III, Nr 1163
und Nr. 1164 reicht.

benden verfügte, um ihm die letzte Wegzehrung zu spenden? daß er dabei die Schulen besuchte und sich persönlich von den Fortschritten der Kinder überzeugte? u. s. w.

Aber **Franz Ludwig war nicht blos stolz, sondern ist auch unbeugsam von den Launen des Aristokratismus beherrscht worden und zu dessen Bestätigung** erzählt Hr. R. die (Geschichte von dem Kammerherrn X. und der Demoiselle Y). Statt aller Widerlegung ergänze ich diese mit romantischen Farben aufgetragene Geschichte aus den von Hrn. R. hinterlassenen, ziemlich prosaischen historischen Excerpten, und überlasse dem Leser das weitere Urtheil. Diese lauten: „Am 4. Nov. 1772 verlobte sich mittels rechtskräftig ausgefertigter Urkunde X. mit der Y.“ **Sieben Jahre später** „unterm 8. Decbr. 1779 wiederholte und bestätigte X. das unterm 4. Nov. 1772 gegebene Eheversprechen, jedoch mit dem Anhange, daß der Vollzug erst **dann** statt zu finden habe, **wann seine Schulden bezahlt seien.“** Daß diese seine Schulden aber am 22. März 1782, also nach weiteren zwei Jahren noch nicht bezahlt waren, ergiebt sich „aus einer Eingabe zweier Portechaiseträger von dem letztgenannten Tage an den Fürsten, worin sich diese beschweren, daß ihnen der Kammerherr X. für 446 Gänge nach erhaltenen 17 fl. noch 57 fl. 20 kr. schulde, die sie alles vielfältigen Bittens ungeachtet nicht erhalten könnten.“ Inzwischen war, wie Hr. R. oben erzählt — aber nicht so plötzlich, sondern nach öfters vorausgegangenen Mahnungen und Warnungen, weil der fragliche Umgang nichts weniger als schicklich und sittlich war, — X. am 7 Aug. 1781 aufgehoben und in dem Karmelitenkloster dahier untergebracht und die Y. nach Kitzingen in das Ursulinerkloster abgeführt worden, und zwar beide in der Stille der Nacht, um Aufsehen zu vermeiden und sie nicht öffentlich zu beschimpfen. Noch an demselben Tage beschwerte sich X. in einer Eingabe an den Fürsten, daß er auf dessen Befehl, **ohne zu wissen: warum?** in Klosterarrest geführt worden sei und fährt fort: „Ich habe bereits im vorigen Jahre über

Höchstdero Befehl [d. h. in der nämlichen Sache, und doch weiß er nicht: warum?] eine tödtliche Krankheit überstanden, kann mich daher auf ein boshaftes Angeben einer passionirten alten Frau [der Mutter des X?] und eines „„dummen pikotten Pfaffen" „nicht auf den Tod tränken lassen." Am 3. Sept. 1781 wurde X. wieder in Freiheit gesetzt, jedoch nur unter der Bedingung, sich schriftlich zu reversiren, „daß er das Y). Haus nicht mehr betreten und zu seiner Mutter zurückkehren wolle." Diesen Revers stellte X. auch aus, aber nur, um ihn nicht zu halten, und „der Fürst entschädigte das Karmelitenkloster für die Verpflegung des X. aus seiner Schatulle." — „X. wendete sich nun in einer Klageschrift v. 18. Jan. 1782 an den Reichshofrath und gestand darin auch offen ein: a) daß seine Familie Alles aufbiete, um den Vollzug seiner Ehe mit Y). zu hintertreiben, und b) daß er zwei Kinder mit Y). gezeugt habe, an deren Legitimirung er durch die verweigerte Eheerlaubniß gehindert werde." — „Am 16. Mai gab der Fürst in einem Schreiben an den Hofmarschall seinen Willen zu erkennen, die Heirath zu bewilligen jedoch zur Warnung bediensteter Adeligen in klausulirter Form und unterm 20. Mai ließ er dem geistlichen Rathe Schmittlein den Befehl zugehen, daß, wenn die Kopulation nicht mehr zu verschieben sei, dem X. bedeutet werden solle: daß er mit der Kopulation aufgehört habe, Kämmerer zu sein und daß von diesem Augenblicke an die mit dieser Stelle verknüpften Vortheile aufhörten. Nachdem der von X. durch eine Magd an den Oberhofmarschall übermittelte Kammerherrnschlüssel wieder zurückgeschickt und dann dem eigens hiezu beorderten Kammerfourier Resch förmlich eingehändigt war, wurde X. am 15. Juni auf seinem Krankenbette mit Y). getraut, worauf er am 21. Juni starb. Ein gleichzeitiges mit vielem Fleiße geführtes Tagebuch erzählt, ohne des Vorausgehenden zu erwähnen: „X. ist am 22. Juni Abend in die St. Martinskirche ohne Leichengepränge gebracht und allda begraben worden. Die Familie nahm sich um das Leichenbegängniß nichts an. Am

25. sind die Exequien in der Martinskirche gehalten worden, wobei die Wappen ausgehängt aber keine Noblesse zugegen war." — Was ist aber wohl von dem Y. Hause zu halten, da der Fürst am 14. Juni 1782 durch seinen Obermarschall einem andern Adeligen Z. den ferneren Besuch des erwähnten Hauses bei Verlust aller seiner Dienste strengstens untersagen ließ, daß er am 30. Mai 1783 dieses Verbot mit der Drohung wiederholte, ihn vom Hofe zu entlassen, wenn er nicht Folge leiste? — und was von Z. selbst, der trotz dieses Verbotes den Besuch des Y. Hauses fortsetzte und der, weil er von einer an diesem Hause vorübergehenden Weibsperson am Fenster gesehen und deßhalb beschimpft wurde, nun dieser Person in Wuth bis auf den St. Martins-Kirchhof nachlief und sie mit Faustschlägen auf den Kopf mißhandelte? In Folge dessen wurde ihm durch Reskript vom 7. Juli 1784 bis auf Weiteres der fürstliche Hof verboten und als er später sogar um die Erlaubniß nachsuchte, sich mit der Y., nunmehr verwittweten X., verehelichen zu dürfen, ließ der Fürst seinem abschlägigen Bescheide d. d. Würzburg 3. Okt. 1788 die Worte einfließen: „Du steckst ohnedieß schon in Schulden und dein Anzug ist gemeiniglich so gering, daß mancher Kanzlist und bürgerliche Handwerker sich schämen mußte, darin zu erscheinen." Dieß Alles erzählt Hr. R. in seinen Exzerpten und doch ignorirt er dieß und nimmt Partei gegen seinen Fürstbischof, dem er mit schuldiger Verehrung zu huldigen vorgiebt! Hätte er nicht besser daran gethan, diese unsaubere Geschichte unberührt zu lassen als sie zum Nachtheile des edlen Fürsten auszubeuten und endlich den frommen Fürstbischof und treu ergebenen Sohn der Kirche zu einem Freimaurer zu machen? — — —

Nicht — nach dem Ruhme geizend, in den Annalen der Geschichte als Selbstherrscher zu glänzen, wie der Vorwurf unter 2) lautet, zog Franz Ludwig auch die unbedeutensten Gegenstände in seinen Wirkungskreis, sondern um sich von Allem, was die Angelegenheiten seines Landes und seiner Unterthanen anging, genau zu unterrichten. Hatte er doch schon als Regierungspräsident keinem seiner Räthe einen Akt zugetheilt, ohne ihn vorher mit aller Aufmerksamkeit gelesen zu haben. Seine Regierungsmaxime also, die ihm jede billige Beurtheilung zum höchsten Lobe anrechnen wird, die nehmlich, mit Hintansetzung der eigenen Person bis tief in die Nacht zu arbeiten, um nur die Wohlfahrt seiner Unterthanen zu fördern, diese wird zur Rüge mißbraucht! Was aber Herr R. von der Witttwe mit ihren 8 unversorgten Kindern, d. i. von seiner Mutter, hier weiter aufführt, die der fromme und herzensgute Fürst „viele und viele Monate lang auf die Anweisung eines kärglichen Gnadengehaltes harren ließ" und als Beispiel dafür gelten soll, „daß die Maschine manchmal in Gefahr stand, ganz stille zu stehen" soll im Zusammenhange mit 5) beleuchtet werden. — Aber welch ein Glück, daß Franz Ludwig durch den Anblick eines Stiefmütterchens im Geiersworthgarten einen Fingerweis für die Livrée seiner Dienerschaft erhielt und daß er hiedurch abermals der Gefahr entrissen wurde, die Staatsmaschine stille stehen sehen zu müssen!

Doch nicht genug, auch Pasquille, welche eine Art von Handwerksneid fabrizirt hatte, müssen unter 3) herhalten, nicht bles den Bischof — Episcopus in libello famoso Rex Judaeorum dictus" wie der schwarze Zettel besagt, — sondern sogar den „geistlichen Bischof" Franz Ludwig als Proselytenmacher und Begünstiger „der getauften Anhänger des mosaischen Glaubens" zu verdächtigen. — Und der Beweis hiefür? — Franz Ludwig hat den Dr. Marcus selbst getauft und gefirmt, hat ihn zu seinem Leibarzte ernannt und hat sich von ihm leiten lassen. — Außer diesen hier niedergelegten Beschuldigungen finde ich unter allen R.' schen Erzerpten aus der Franz Ludwig'schen Regierungsperiode nur noch folgende hieher einschlägige Notiz: „5. Febr. 1789 erhält der Student Ludwig Hornthal auf sein An=

suchen die Erlaubniß, als Konrepetitor oder Privatdozent Juristen, die Zutrauen zu ihm haben, Vorlesungen halten zu dürfen." War etwa Hornthal dieser Erlaubniß nicht würdig? — Haben die vier Jahre der Regierung Franz Ludwigs von seiner Wahl bis zur Ernennung des Dr. Marcus zum Leibarzte nicht mehr als hinlänglich bewiesen, daß er nicht ein „vermeinter", sondern ein wirklicher Selbstherrscher war und keines „Lenkers" bedurfte? Calumniare audacter, semper aliquid haeret! — Warum nicht offen sagen: Franz Ludwig achtete die Kenntnisse und die Thätigkeit des Dr. Marcus, aber in seinem Charakter täuschte er sich. — Und welcher Mensch kann sich nicht täuschen? Oder ist es vielleicht nicht bekannt, daß bloße Verstandesmenschen, denen Gemüth und Religion fehlt, die größten Egoisten sind, daß sie, wenn sie nebstdem noch Mundgeläufigkeit besitzen und die gleißende Maske zu handhaben wissen, nicht nur Einzelne, sondern ganze Körperschaften täuschen, dabei ihre Taschen füllen und ihre niedrigen Gelüste befriedigen?

Einer schweren Verantwortung macht sich Hr. R. schuldig, wenn er unter 4) sagt: „Unter dem Episcopate Franz Ludwig's glaubte man mehr noch als unter dem vorigen in der hiesigen Residenz eine Kopie des Hofes Ludwigs XIV. zu erblicken", oder noch rücksichtsloser nach Angabe des schwarzen Zettels: „Aula episcopalis imago aulae regiae Franco-gallicae expressa." Ist es nicht ein Frevel, unseren tugendreichen, keuschen Franz Ludwig mit dem Lüstling Louis XIV. zusammenzustellen? steht nicht die Sittenreinheit unseres fürstlichen Hofes im schneidendsten Gegensatze zur dortigen Maitressenwirthschaft? läßt sich die dem Franken eigenthümliche Gastfreundschaft, welche Franz Ludwig in fürstlicher Weise übte, mit der dortigen unsinnigen Prunksucht, — die hier gewissenhaft durchgeführte Sparsamkeit mit der dortigen muthwilligen Verschwendung, — die hier streng gehandhabte Gerechtigkeit mit der dortigen

Willkürherrschaft der lettres de cachet vergleichen? Wie mag
Hr. Reich das neuangeschaffte Silberservice tadeln, da er doch
den patriotischen Gebrauch, den Franz Ludwig später davon
machte, und von dem oben S. 30—33 das Nähere erwähnt
ist, rühmend anführt? — Hr. Reich macht es sich zum be=
sonderen Geschäfte hier und besonders in seinen Erzerpten
nachzurechnen, was jährlich die fürstliche Tafel kostete, ver=
schweigt aber bei diesen allerdings nicht unbedeutenden Sum=
men, daß Franz Ludwig für seine Person nur wenig bedurfte,
daß hohe Besuche mit zahlreichem Gefolge sehr häufig waren,
und daß er diese auf das Gastfreundlichste und in wahrhaft
fürstlicher Weise bewirthetete. Wie ganz anders aber würde
sich die Sache ausnehmen, wenn Hr. R. auch einige andere
Zusammenstellungen gemacht und etwa die Summen aufge=
zählt hätte, welche Franz Ludwig a) für die Schulen, b) für
wissenschaftliche Zwecke und c) für Arme und Armeninstitute
aufgewendet hat, und zwar mit Ausscheidung dessen, was
aus Staatsmitteln und was aus der Schatulle des Fürsten be=
stritten worden ist? Aber muß man sich da nicht fragen: wird
denn die Aufgabe der Geschichte dadurch gelöst, daß man das
Gute verschweigt und das, was tadelnswerth scheint, heraus=
hebt?

Wie uns weiter unter 7) berichtet wird, war Franz
Ludwig ein Freund von geheimen Angebereien, oder
wie es auf einem schwarzen Zettel der Erzerpte heißt: „Scri=
nium Episcopi criminationes clandestinas continens."
Auch diese Beschuldigung ist falsch, wie dieß die hinterlassenen
Regierungsmaximen dieses Fürsten über diesen Gegenstand
deutlich besagen, und selbst das, was als Beweis hiefür an=
gegeben wird, daß er seinen Beichtvater beauftragt habe, nach
seinem Tode seine Papiere sorgfältig zu sichten und jene zu
verbrennen, welche den Leumund mancher Menschen kränken
könnten, bezeugt das Gegentheil. In das Kabinet eines Fürsten
gelangen viele Einläufe, die weder verlangt noch gebilligt
werden. Aber selbe ohne Weiteres zurückzuweisen, hat auch

seine Bedenklichkeiten. Um sie unschädlich zu machen, dazu gehört die Behutsamkeit und Gewissenhaftigkeit eines Franz Ludwig.

Selbst mit diesem Tadel begnügte sich Hr. R. nicht. Zum Beweise dessen noch drei Proben: Franz Ludwig machte es sich bekanntlich zur Aufgabe, das Sprichwort: „unter dem Krummstabe ist gut wohnen", zur vollsten Wahrheit zu machen, und welcher Franke erkennt seine dießfallsigen Bemühungen nicht dankbar an? Aber in wessen Fürsten Macht steht es, jeden Unfall, jedes Unrecht zu verhüten? In der Nacht vom 19ten auf 20ten Mai 1780 brachte ein Postillon einen erkrankten Gärtnergesellen mit hieher und half ihm in Steinwege von der Chaise herab. Der Gärtnergeselle legte sich auf die Straße und starb hier noch in derselben Nacht, weil sich angeblich Niemand seiner erbarmte und ihn aufnahm? Diese Begebenheit gibt Hrn. R. in seinen Exzerpten Veranlassung zu der schwarzen Bemerkung: „das nun verstummte Sprichwort: „unter dem Krummstabe ist gut wohnen" ist wohl auch schon früher in Seufzern verschlagen." — Im Juli 1786 wurde ein Mörder von den ordentlichen Gerichten zwar nicht zur Todesstrafe (denn diese war unter Franz Ludwig wenn auch nicht prinzipiell doch faktisch abgeschafft) wohl aber zu einer Strafe, die Hrn. R. zu hart dünkte, abgeurtheilt. Weil nun der Fürst diese Strafe bestätigte, so muß er dafür durch die schwarze Bezeichnung: „misanthropus ecclesiasticus" büßen! — Den ausgezeichneten Hirtenbrief vom 25. Februar 1794, in welchem Franz Ludwig auf die von der französischen Revolution drohenden Gefahren eben so verständig als liebevoll hinweist, beehrt Herr R. mit dem Namen eines „Fastenzettels"! — Doch diese Proben werden genügen, um des Hrn. R. Unbefangenheit, Wahrheitsliebe und Befähigung zum Geschichteschreiben zu charakterisiren.

Aber woher kommt denn wohl dieses Mißbehagen, diese Unzufriedenheit des Hrn. R. mit Franz Ludwig, um nicht zu sagen diese Bitterkeit gegen diesen seltenen Fürsten? Auch hierüber gibt er, aber wohl ohne es zu wollen, theils hier, theils in seinen Exzerpten Aufschluß. Ihm erscheint nehmlich unter 5) „der Erlaß des Fürsten vom 1. Jan. 1780" — auf den er in seinen Exzerpten wieder durch einen schwarzen Zettel mit den Worten: „Episcopus largus de bonis aliorum" besonders aufmerksam macht, — „nicht zu rechtfertigen, wodurch seinem Vater dem Hofkammerfourier und dem Hoffourier, zwei mit vielen Kindern gesegneten Familienvätern, die Neujahrsgelder für Zustellung der Staatskalender an die zum Hofe gehörigen Herrschaften, welche von jeher einen Theil ihres Gehaltes ausmachten, willkürlich entzogen und ohne Entschädigung, im frommen Eifer für den Stand der Armuth zu sorgen, dem Armenhause zugewendet worden sind." Der Sohn glaubt also die Rechte seines Vaters gekränkt und nimmt daher Partei für den Vater gegen den Fürsten. — Es fragt sich also, machten die erwähnten Neujahrsgelder wirklich einen Theil des Gehaltes aus? — Gewiß nicht! — Denn wären sie Gehaltstheil gewesen, so hätte Franz Ludwig bei seiner allbekannten ängstlichen Gewissenhaftigkeit diese seinen Bediensteten sicherlich nicht ohne volle Entschädigung entzogen; ferner müssen in den Anstellungsdekreten alle Bezüge, welche als Gehalt gelten, eigens aufgezählt sein, allein hievon konnte ich bis jetzt noch keine Spur finden. Diese Neujahrsgelder waren zwar herkömmlich aber ein arger Mißbrauch, eben so wie das von R. in seinen Exzerpten angeführte Flachssammeln der Beamten. Auch dieses wurde unterm 9. Sept. 1782 als eine unanständige Bettelei von Franz Ludwig mit vollem Rechte den Beamten mit dem Anhange untersagt, daß gegen die Zuwiderhandelnden nach Umständen Kassation verhängt werden sollte, und doch rügt dieß kein schwarzer Zettel in den Exzerpten des Herrn R. Franz Ludwig war nun einmal ein Feind von allen Bettelein, von gemeinen wie von vornehmen und verfuhr unnachsichtlich gegen die einen wie gegen die Andern, aber Willkür kann man dieß nicht nennen. Bestehen denn diese Neujahrsbetteleien und selbst der Kalenderunfug nicht zum Theile noch heute zur Belästigung Vieler? — Eine weitere Frage ist diese: hatte denn die Familie R wirklich Ursache, sich hierüber zu beschweren? — Ich glaube: nein! denn die Akzidentien, namentlich die Geschenke, welche der Hofkammerfourier von den vielen fremden Herrschaften und Gästen erhielt, und die doch nicht als Gehaltstheile betrachtet werden konnten, waren für die damalige Zeit sehr bedeutend und auch der Fürstbischof half, wo es nöthig war. Zur Bestätigung dessen möge Folgendes dienen: Bei der Wahl Franz Ludwigs zum Fürstbischofe von Bamberg (12. April 1779) erhielt der Hofkammerfourier unter andern von dem Kaiserl. Wahlgesandten ein Geschenk von 4 Karolinen und bei der Konsekration desselben (19. Sept. desf. Jrs.) von dem Kurfürst-Erzbischof von Mainz ein solches von 40 Dukaten. Nicht gar lange darnach kam der Kammerfourier Resch bei seinem Fürsten bittlich ein: „ihm die 5 Dukaten wieder ersetzen zu lassen, die er dem Judendoktor Marcus wegen geleisteter Hülfe in seiner Krankheit gegeben habe"; und der Fürst gab hierauf folgende eigenhändige Entschließung: „Diesem wohlverdienten Kammerfourier sind seinem Gesuche gemäß die 5 Dukaten vom Hofkammerzahlamte zu bezahlen. Bamberg, 30. März 1780." Diese Entschließung belegt Hr. R. mit dem Prädikate einer „gnädigsten", aber ohne schwarzen Zettel und ohne deßhalb den dem Fürsten unter 2) gemachten Vorwurf zu wiederholen. Doch wir müssen bei der dort unmittelbr folgenden Rüge, „daß seine Mutter mit 8 unversorgten Kindern viele und viele Monate lang auf die Anweisung eines kärglichen Gnadengehaltes habe harren müssen", zum Schlusse noch einen Augenblick verweilen. Zur Aufklärung diene Folgendes: Am 17. Juni 1783 starb der Hofkammerfourier Johann Georg Resch nach 17jähriger Dienstzeit. Damals gab es noch keine Dienstespragmatik und die Hinterlassenen waren auf die Gnade des Fürsten angewiesen. Die Wittwen bezogen aber das Sterbquartal ihrer Gatten, die Resch sonach die Besoldung ihres sel. Mannes bis zum letzten August 1783. Ihre Bitte um einen Gnadengehalt unterstützte der Oberhofmarschall Frh. v. Stauffenberg auf das Wärmste und durch höchste Entschließung vom 10. April 1784 wurde ihr vom 1. Sept. 1783 an ein Jahres-Gnadengehalt von 100 fl. fränk. an Geld und 12 Simmra Korn einstweilen auf acht Jahre bewilligt. Man berechne dieses Gnadengehalt nach unseren jetzigen Pensions- und Geldverhältnissen und sehe, ob es wirklich den Namen eines „kärglichen" verdient, zumal sich die fürstliche Fürsorge auch noch auf die Kinder erstreckte. Der älteste Sohn, Christoph Resch, war bereits bei dem Tode seines Vaters als Kadet im kaiserl. Militärdienste untergebracht, in dem er sich bis zum k. k. Generalmajor und Brigadier emporschwang, in welcher Eigenschaft er 1832 zu Wien starb; der zweite, Karl Joseph Resch (geb. 1. Mai 1773 † 18. März 1825 als Stadtpfarrer und Dechant in Kronach) wurde alsbald nach des Vaters Tode in das freih. v. auffees'sche Seminar aufgenommen und blieb in demselben von 1783 bis 1790. Der dritte Sohn war bereits gestorben, und während der zweite die Wohlthat des v. auffees'schen Seminars noch genoß, wurde auch der vierte, Georg Joseph Alois Resch (geb. 3. Juni 1799), der Verf. des f. Residenzbaues u. s. w., mit welchem wir uns hier beschäftigt haben, dem genannten Seminare zur Erziehung übergeben und besuchte dasselbe vom Herbste 1788 bis Ostern 1798 als Freizögling. Ueber das Loos der andern Kinder stehen mir noch keine genaueren Nachrichten zu Gebote, aber schon hieraus ist ersichtlich, daß Franz Ludwig dem treuen Diener auch noch in seinen Kindern zu lohnen suchte. — Hat also Herr R. — um Anderes zu übergehen und ganz abgesehen von den Forderungen der Billigkeit und des Rechts, der Dankbarkeit und Pietät, — der Wahrheit Zeugniß gegeben? Hat er die erste Forderung der Geschichte, strenge Unparteilichkeit gegen Hohe und Niedere jeglichen Standes, erfüllt? Die Leser mögen entscheiden! — Wohl kostete die vorstehende Kritik manche Ueberwindung, aber

amicus mihi Socrates, amicus Plato, amicus Aristoteles, sed magis amica
veritas.